afgeschreven

Popmuziek in een notendop

Gijsbert Kamer

Popmuziek in een notendop

2008 Uitgeverij Bert Bakker Amsterdam

© 2008 Gijsbert Kamer
Omslagontwerp Roald Triebels
Foto's omslag Corbis
www.uitgeverijbertbakker.nl
ISBN 978 90 351 2963 4

Uitgeverij Bert Bakker is onderdeel van Uitgeverij Prometheus

Inhoud

Inleiding   9

1   Awop-bop-a-loo-bop-a-lop-bam-boom of waar de popmuziek
    vandaan komt   11
2   De Amerikaanse muziekindustrie van voor 1955   13
3   De eerste rock-'n-rollmuziek   15
4   Rock around the Clock   17
5   De King   19
6   Het einde van de rock-'n-roll   22
7   Een overgangsperiode 1959-1963   24
8   Het ontstaan van soulmuziek   26
9   The Beatles   28
10 The Rolling Stones   31
11 The Beatles en de Stones   33
12 Brian Wilson en The Beach Boys   37
13 The Byrds   40
14 Bob Dylan   43
15 Jimi Hendrix   46
16 What Is Soul? Motown of Stax?   49
17 James Brown: Say It Loud, I'm Black And I'm Proud   55
18 Van Monterey naar Woodstock: begin van het hippietijdperk   58
19 Altamont, het einde van het hippietijdperk   60
20 Psychedelica buiten San Francisco   62
21 I'm Not There   66
22 Frank Zappa en Captain Beefheart   68
23 Een tegengeluid   70
24 Iggy Pop als eerste punkmuzikant   73
25 Einde van een tijdperk   75

26 What's Going On   77

27 Stevie Wonder   80

28 We Will Rock You. Van blues naar hardrock   82

29 Déjà Vu   85

30 Lady of the Canyon   87

31 The Belfast Cowboy   88

32 De singer-songwriter   90

33 Popmuziek als hogere kunst   92

34 Glamrock en de opkomst van David Bowie   94

35 Ziggy Stardust en andere Bowie-gedaanten   96

36 De nieuwe popsterren   97

37 Ondertussen, in de Verenigde Staten   99

38 Rumours   101

39 Punk   103

40 Anarchy in the UK   105

41 Do It Yourself   107

42 Reggae   109

43 Disco   111

44 De Mens Machine   114

45 Berlijn   117

46 Britse postpunk   119

47 Amerikaanse postpunk: new wave   121

48 Hiphop   124

49 Rapper's Delight   126

50 Video Killed the Radiostar   128

51 Michael Jackson, Madonna en Prince   130

52 Walk This Way   133

53 Heavy metal   135

54 Hardcore en *alternative rock*   138

55 Van ondergronds naar wereldtop: The Police en U2   140

56 De alternatieve tegenhangers R.E.M. en The Smiths   142

57 Live Aid   144

58 Bruce Springsteen en de opkomst van megaconcerten   146

59 Het zwarte 'gevaar'   148

60 De kruisbestuiving tussen rock en hiphop   150

61 Entertain Us!   152

62   Move Your Body   155

63   Van ondergronds naar mainstream   158

64   Gangstarap   160

65   Eminem versus Wu-Tang Clan   163

66   R&b, het speeltje voor hiphopproducers   165

67   Bristol en Britpop   167

68   Concertzaal of discotheek   170

69   God Is a DJ   172

70   Pop en internet   174

Register   177

Inleiding

Boeken over popmuziek zijn de afgelopen jaren geen zeldzaamheid meer. Biografieën, naslagwerken en genregeschiedenissen over bijvoorbeeld punk, heavy metal en disco verschijnen bij de vleet. Alleen een kort inleidend boekwerk over het ontstaan en de geschiedenis van popmuziek in het algemeen ken ik niet. Daarom schrijf ik het zelf maar. Een geschiedenis vertellen van de popmuziek in een notendop, dat is nog eens een uitdaging. Zo kan ik eindelijk vertellen over al die muziek die ik zo mooi vind maar waar ik in de krant niet aan toekom.

Het probleem is echter niet zozeer wat erin komt, maar vooral wat ik eruit laat. De handzame boekjes in deze reeks bevatten idealiter tussen de veertig- en vijftigduizend woorden, en ik heb geprobeerd me daaraan te houden. Relatief weinig ruimte besteed ik aan de laatste jaren van de popgeschiedenis, omdat het zich moeilijk laat raden welke van de vele nieuwe goede popgroepen echt zullen beklijven. Terwijl ik dit schrijf ben ik erg dol op de nieuwe platen van Spoon, Animal Collective en Bruce Springsteen. De eerste twee namen ontbreken in deze geschiedenis, en ik verwacht dat ze dat ook over tien jaar in een eventuele herziene editie zullen doen. Daarmee komen we aan bij het lastigste: kill your darlings. Veel van mijn persoonlijke favorieten ontbreken (Belle & Sebastian, Pulp), of krijgen weinig aandacht (Al Green, The Smiths). Ik heb geprobeerd me zoveel mogelijk tot de grote lijnen te beperken.

Twee dingen vielen me op bij het schrijven. Allereerst dat geen enkele muziekstroming, ook punk en acid house niet, volledig uit het niets kwam en echt revolutionair was. Alle ontwikkelingen komen uit elkaar voort en volgen elkaar keurig op. Bovendien is deze geschiedenis er een waarin vooral de Verenigde Staten en Groot-Brittannië voortdurend op elkaar lijken te reageren. Deze landen bepaalden het verloop van de westerse popgeschiedenis. Hoewel er natuurlijk overal popmuziek wordt gemaakt, heb ik me beperkt tot de westerse, en kwam daarbij steeds weer uit bij de Angelsaksische taalgebieden.

Duitsland hoort hier ook bij, want hoewel we gewoon zijn popmuziek te zien als een voortbrengsel van de blues, die weer ontstond uit de slavernij, is er ook een andere geschiedenis. Die van de elektronische dansmuziek.

Rock-'n-roll komt voort uit de blues, maar dance kent een heel andere basis en die ligt in het Duitse Ruhrgebied, bij Kraftwerk. Rock en dance hebben dus twee afzonderlijke geschiedenissen, die elkaar ergens in de jaren tachtig raken. Het is nog altijd interessant te volgen hoe die zich afzonderlijk van elkaar blijven ontwikkelen en elkaar beïnvloeden.

Tot mijn verbazing zag ik weinig mogelijkheden de Nederlandse popmuziek een plaatsje te geven; deze popgeschiedenis is er een die vooral door Amerikanen, Britten en een paar Duitsers gemaakt is. Hoe succesvol en hoe goed ze hier ook worden bevonden, ieder land heeft zijn eigen Frans Bauer, The Cats, Marco Borsato, Herman Brood, Golden Earring en André Hazes. Geen van hen heeft een internationale rol gespeeld, vergelijkbaar met de Nederlandse artiesten die ik wel noem. Nederlandse *Popmuziek in een notendop* is wellicht een mooi uitgangspunt voor een volgend boek. Van een andere auteur. Niet dat ik in dit boek geen aardigheid heb gehad, integendeel, maar om de ontwikkelingen in Nederland goed in kaart te brengen is een grote fascinatie voor de Nederlandse popcultuur vereist, en die heb ik niet.

1 Awop-bop-a-loo-bop-a-lop-bam-boom of waar de popmuziek vandaan komt

Over het beginpunt van de popgeschiedenis heeft altijd grote onduidelijkheid bestaan. Het woord 'popmuziek' is een afkorting van 'populaire muziek', en iedereen weet wat ermee bedoeld wordt, maar waarom zou dat wat we nu klassieke muziek of jazz noemen niet populair kunnen zijn? Alles wat populair is popmuziek noemen schiet dus niet op. Toch kan iedereen zich wel een voorstelling bij het begrip maken.

Popmuziek wordt aanvankelijk gemaakt door en voor jonge mensen, en de populariteit van hun muziek valt af te lezen aan de verkoopcijfers van geluidsdragers. Sinds kort valt die populariteit ook af te lezen aan de aantallen legale downloads, de notering van een liedje (single) of verzameling liedjes (album) in de hitparade, alsmede het aantal kaarten dat er voor hun optreden wordt verkocht.

Dat laatste is niet uniek. Zo meet je ook de populariteit van klassieke muziek en jazz. De kneep zit 'm in het gegeven 'jonge mensen'; het ontstaan van popmuziek verloopt parallel aan de ontwikkeling van het fenomeen jeugdcultuur. Het ontstaan daarvan is wel degelijk in de tijd te plaatsen: de jaren vijftig van de vorige eeuw.

Na de Tweede Wereldoorlog ontstaat er voor het eerst een grote groep tieners die zowel geld als tijd heeft, om ruimte te creëren voor het ontwikkelen van een eigen cultuur met eigen behoeften. En juist popmuziek blijkt voor Amerikaanse tieners (over de plek van oorsprong bestaat geen onenigheid: de Verenigde Staten) de manier om zich een eigen identiteit aan te meten. Van groot belang is de rol van het massamedium, de radio en, sinds midden jaren vijftig, de televisie. Dat Elvis Presley in 1956 doorbrak is voor een belangrijk deel te danken aan zijn door het hele land uitgezonden televisieoptreden in The Ed Sullivan Show.

Deze doorbraak van Elvis, alleen gefilmd boven zijn middel omdat zijn heupbewegingen te aanstootgevend zouden zijn, markeert het beginpunt van de wereldwijde doorbraak van de rock-'n-roll, een muziekstijl die synoniem was aan rebellerende jeugd.

Maar hoewel Elvis beslist de grootste is, is hij niet de eerste rock-'n-roller. De muziekstijl rock-'n-roll was al minstens vijf jaar eerder ontstaan, en kwam voort uit drie soorten muziek: de zogeheten 'mainstream' familiemuziek die je op de radio, in bioscopen en theaters hoorde, country & western en rhythm & blues.

2 De Amerikaanse muziekindustrie van voor 1955

Voordat begin jaren twintig van de vorige eeuw de eerste geluidsdragers worden vervaardigd wordt muziek verhandeld op papier. Bladmuziek vervult de behoefte aan muziek, zoals grammofoonplaten, cd's en mp3's in latere tijden. Er wordt in liedjes gehandeld, niet zozeer in uitvoeringen. Uitgeverijen nemen componisten en tekstschrijvers in dienst, die allemaal bij elkaar in grote kantoren zitten waar ze hun liedjes voorspelen op de piano. De kakofonie die buiten op straat te horen is, verschaft de buurt waarin de muziekuitgeverijen zitten de naam Tin Pan Alley. Deze naam staat nog altijd voor de werkwijze van liedjes componeren, die uitgeschreven worden verhandeld aan warenhuizen maar ook aan filmproducers en theaterproducenten.

Wil je een liedje in die tijd bekendheid geven dan moet je proberen het in een film of musical te laten horen. De liedjes Tin Pan Alley-coryfeeën als Irving Berlin, Cole Porter en George en Ira Gershwin krijgen zo internationale bekendheid.

Ook radioshows zijn hierin belangrijk. Tot in de jaren vijftig wordt het draaien van plaatjes op de radio gezien als volksverlakkerij. Er moet echte muziek de ether in, live gespeeld door bands en orkesten. Tot 1945 zijn de orkesten van Benny Goodman, The Dorsey Brothers en Glenn Miller de sterren van de avond. Er wordt wel eens een liedje gezongen, maar dat is slechts bedoeld als intermezzo.

Voor muziekuitgevers (*publishers*) is een liedje in zo'n veelbeluisterde radioshow voor de hele familie van groot belang. Zeker als in de jaren veertig het zwaartepunt van de aandacht naar de vocalisten verschuift. Hiervoor verantwoordelijk is allereerst Bing Crosby, vertolker van talloze Tin Pan Alley-hits. Hij heeft met 'White Christmas' uit 1942 de bestverkochte single ooit op zijn naam.

Na een korte loopbaan bij de orkesten van Harry James en Tommy Dorsey gaat er in 1943 een zanger solo die misschien wel voor de eerste echte popster kan doorgaan, zo veel hysterisch gegil brengt Frank Sinatra teweeg bij zijn optredens.

Niet langer is alleen het liedje belangrijk, ook de uitvoering telt. De uitgevers van Tin Pan Alley kunnen er niet mee zitten, zolang al die nieuwe zangers en zangeressen hun repertoire maar niet zelf schrijven. Hoewel dat nog even zou duren, geeft het succes van Sinatra wel aan dat vooral het jonge radiopubliek genoeg heeft van alleen radioshows voor het hele gezin, en behoefte heeft aan iets voor zichzelf.

Zoals ook in latere stadia van de popgeschiedenis worden deze signalen echter niet opgepikt door de muziekindustrie. In de behoefte muzikaal spannender te programmeren wordt niet voorzien. Dus zoeken de jonge muziekliefhebbers hun vertier elders, bij de radioshows vanuit de Grand Ole Opry in Nashville bijvoorbeeld, waar van 1949 tot zijn dood op 1 januari 1953 Hank Williams ongekend populair is. Of ze stemmen af op de in de jaren vijftig op steeds meer radiostations te beluisteren r&b-programma's. De intrede van de tv dwingt radioprogrammeurs nieuwe nichemarkten te ontdekken voor hun advertentie-inkomsten. R&b, voorheen een muziekstijl die volledig buiten de mainstream stond, muziek voor en door de zwarte onderlaag, is zo'n niche.

De programma's worden niet gemaakt voor jonge blanke muziekliefhebbers, maar ze kunnen er wel naar luisteren.

De muziek van Bessie Smith, Robert Johnson, Ray Charles, Big Joe Turner en Fats Domino klinkt spannender en vooral gevaarlijker dan wat de grote radiostations laten horen, en heeft ook op de blanke jeugd een enorme aantrekkingskracht, zoals iemand als Hank Williams dat had.

De eerste rock-'n-rollmuziek is dan ook vooral het resultaat van een ontmoeting tussen deze twee door de industrie veronachtzaamde muziekstromingen: country en r&b.

3 De eerste rock-'n-rollmuziek

Of je nu Elvis neemt die in 1954 zijn debuutsingle 'That's All Right (Mama)' opneemt voor Sam Phillips' Sun-label in Memphis, of Little Richard die in 1955 de oerkreet van de rock-'n-roll uitslaat in zijn revolutionaire, met alle bestaande conventies brekende, hit 'Tutti Frutti', beiden maken muziek die minder op zichzelf staat dan de eerste indruk doet vermoeden. Het 'A-Wop-Bop-A-Loo-Bop-A-Lop-Bam-Boom' waarmee Little Richard zijn twee minuten muzikaal gestolde waanzin begint, klinkt op dat moment even angstaanjagend als vernieuwend, maar de 'big bang' van de popmuziek is het niet.

Die eer valt wellicht te beurt aan het nummer 'Rocket 88' van Jackie Brenston and His Delta Cats. Opgenomen in 1951 door Sam Phillips, laat dit nummer voor het eerst die hamerende snelle beat horen die we nu herkennen als rock-'n-roll. Het liedje wordt overigens gespeeld door de band van talentscout Ike Turner (de latere echtgenoot van Tina), die het om auteursrechtelijke redenen niet onder zijn eigen naam mag uitbrengen. Saxofonist Brenston schrijft op dit al bestaande boogienummer een eigen tekst, die Turner hem ook laat zingen.

Het liedje wordt door Phillips, die in Memphis een eigen opnamestudio bezit maar nog geen platenlabel (zijn vermaarde Sun Records zou hij een jaar later opzetten), doorverkocht aan Chess Records. Dit is tevens het blueslabel uit Chicago waarop Muddy Waters, Howlin' Wolf en Chuck Berry hun platen uitbrengen.

En zo blijkt aan dat ene nummer 'Rocket 88' een belangrijk verhaal vast te zitten met hoofdrollen voor figuren (Sam Phillips, Ike Turner) en labels (Sun, Chess) die in latere jaren cruciaal blijken voor de popgeschiedenis.

Maar hoe belangrijk dit liedje in historisch perspectief ook is, in 1951 is het gewoon een van de vele op een klein label uitgebrachte liedjes. Iedere stad heeft begin jaren vijftig zo zijn eigen label: Atlantic in New York, Specialty in New Orleans, Chess in Chicago, King in Cincinnati en Sun in Memphis. De grote platenfirma's (majors) als Columbia, Decca en RCA houden zich over het algemeen afzijdig van de muziek die op deze labels wordt uitgebracht. Het betreft immers vooral rhythm & blues, die vooral door de zwarte onderklasse gewaardeerd wordt. Daar zien de majors geen brood in.

Ray Charles (Atlantic), Chuck Berry en Muddy Waters (Chess), Little Richard (Specialty) en James Brown (King) breken allemaal eerst lokaal door. De kleine labels onderkennen wel hun talent, en hebben ook door dat er met (zwarte) rhythm & blues wel degelijk geld verdiend kan worden.

Dat besef komt bij een major als RCA wat later. Zij zouden in 1955 een artiest uit de Sun-stal van Sam Phillips halen voor een nu schamel lijkend bedrag ($ 35.000,- + $ 5000,- aan royalty's), die zwart klonk en bewoog, maar blank was: Elvis Presley.

Tot dit moment wordt rock-'n-roll op vooral lokaal niveau verspreid door kleine labeltjes. Dankzij Elvis' door zijn manager Colonel Tom Parker ingegeven transfer wordt rock-'n-roll pas echt een nationaal fenomeen. Elvis blijkt als eerste in staat om behalve de country-, gospel- en r&b-markt ook de popmarkt voor zich te winnen. Zijn begin 1956 uitgebrachte RCA-debuut 'Heartbreak Hotel' wordt een grote hit, en ineens is bij andere majors de interesse voor rock-'n-roll gewekt.

4 Rock around the Clock

Hoe verleidelijk het ook is Elvis Presley als eerste grote rock-'n-rollster te beschouwen – hij weet als eerste een brug te slaan tussen zwarte muziek-stijlen als rhythm & blues en vooral door blanken beoefende country & western –, helemaal juist is het niet. Want een paar jaar eerder had Bill Haley eigenlijk al precies hetzelfde gedaan, wat hem net als Elvis wereld-beroemd zou maken onder de jeugd en berucht bij hun ouders.

William John Clifton Haley (1925) is dj, speelt aanvankelijk in een countryband en heeft al een paar rock-'n-rollnummers in de lokale hitlijs-ten voordat hij in 1954 bij een major, Decca, tekent. Zijn gekuiste versie van Big Joe Turners 'Shake, Rattle and Roll' is een mooi voorbeeld van een ruig zwart r&b-nummer dat in een wat nettere versie door een blanke band we-reldberoemd zou worden. Haleys naam wordt echter pas gevestigd als zijn 'Rock around the Clock' in 1955 gebruikt wordt in de film *Blackboard Jungle*, een van de eerste films waarin de dan ontluikende jeugdcultuur centraal staat. Haleys muziek klinkt ongehoord hard en brutaal, en is voor vele adolescenten een eerste kennismaking met rock-'n-roll. De film over jeugdcriminaliteit veroorzaakt overal veel onrust en de soundtrack maakt van Bill Haley een ster die in een paar jaar tijd veel hits scoort.

Achteraf gezien is het nauwelijks voor te stellen dat die braaf ogende, wat ouwelijke en suffe man als Haley zo veel heisa veroorzaakt. Mede daarom wordt zijn naam nogal eens uit de popgeschiedschrijving ge-schrapt. Maar het is wel degelijk Haley die het begin maakt van een toene-mende alertheid onder het gezag en ouders voor deze muziek, die als op-ruiend wordt gezien, en een evenredig groot enthousiasme onder de tieners, die zich aangetrokken voelen tot de rebellie, seksualiteit en het gevaar dat ervan afstraalt.

Zijn populariteit is ook in Europa ongekend en bij vertoning van de film *Rock around the Clock* in 1956, waarin Bill Haley met zijn Comets pro-minent te zien is, breken zelfs rellen uit.

Alleen Elvis Presley staat een lange successtory van Bill Haley in de weg. Als zijn voor RCA uitgebrachte single 'Heartbreak Hotel' in 1956 uitkomt, is Bill Haley in één klap overbodig geworden. Presley overtreft Haley in alles. Voor wie Elvis hoort en vooral ziet, verbleekt Haley ineens tot een braaf, een beetje saai, niet meer zo heel jong heerschap dat wel heel behaaglijke muziek maakt. Ineens is het gedaan met de populariteit van Bill Haley, die in 1981 in eenzaamheid sterft na decennia van vertwijfeling, want de vraag wat hij nu precies verkeerd heeft gedaan zal hem vele hoofdbrekens gekost hebben.

Haley hád niets verkeerd gedaan, maar na 1956 wilde niemand meer lijken op deze wat vadsige, vaderlijke man met die haarlok als een komma op zijn voorhoofd geplakt. Iedereen wil Elvis zijn, de King.

5 De King

Elvis Aaron Presley wordt op 8 januari 1935 in Tupelo, Mississippi geboren, zijn eerstgeboren tweelingbroer Jesse Garon komt dood ter wereld. Zijn ouders zijn arm maar gelovig en in de kerk raakt de jonge Elvis voor het eerst gegrepen door (gospel)muziek.

Hij leert gitaarspelen en ontdekt op de radio zijn eerste muzikale helden als Roy Acuff, Jimmie Rodgers en Big Bill Broonzy.

Op school in Memphis (waar de familie sinds 1948 woont) is Presley al fanatiek met muziek bezig. Na zijn schooljaren moet Elvis zijn vader Vernon helpen met het verdienen van de kost en een van zijn eerste baantjes is dat van vrachtwagenchauffeur.

Zijn oog valt dan op een bord dat uitnodigt om tegen betaling van een paar dollar je eigen stem op te laten nemen. Dat lijkt Elvis wel wat en in de zomer van 1953 neemt hij twee liedjes op. Sam Phillips, de baas van het Sun-label waaraan deze opnamefaciliteit gelieerd is, krijgt de liedjes van een enthousiaste opnameleider te horen en is eveneens onder de indruk.

Hij zoekt immers al jaren naar een blanke met een zwarte stem en soul. Elvis lijkt dat te hebben. Het zou nog een jaar duren voordat Phillips contact zoekt met Elvis en hem uitnodigt voor een studiosessie met gitarist Scotty Moore en bassist Bill Black.

Na een paar moeizame repetities zet Presley ineens een liedje van Arthur 'Big Boy' Crudup in. 'Well that's all right, mama,' schreeuwt hij uit, waarna bassist Black zijn instrument grijpt en even onstuimig de zanger van begeleiding tracht te voorzien.

Producer Sam Phillips weet niet wat hij hoort maar wil het onmiddellijk vastleggen. Het trio zet nog een keer in en 'That's All Right (Mama)', de eerste Elvis-single en zijn eerste hit voor het Sun-label, is een feit.

'Good Rockin' Tonight', 'You're a Heartbreaker', 'Baby Let's Play House' en 'Mystery Train' volgen als singles en doen Elvis' populariteit zodanig toenemen dat hij ook steeds meer gevraagd wordt om op te treden. Om hun sound live wat voller te maken wordt het trio uitgebreid met drummer D.J. Fontana.

Bij een van de optredens wordt de band opgemerkt door Tom Parker, die ook de manager is van countryster Hank Snow. Ze komen in contact en besluiten tot een even succesvolle als dubieuze samenwerking.

Succesvol, want de door de uit Nederland afkomstige Colonel Tom Parker bedachte transfer van het kleine Sun-label naar het grote RCA legt hun geen windeieren. Elvis scoort vanaf 'Heartbreak Hotel' uit 1956 met 'Love Me Tender', 'Hound Dog' en 'Don't Be Cruel' de ene na de andere wereldhit. Ook stimuleert hij Elvis in zijn Hollywood-ambities. Hoewel de vele Elvis-films waaronder *Love Me Tender*, *King Creole* en *Jailhouse Rock* in artistieke zin als matig tot slecht worden bestempeld, zijn ze zeer succesvol.

Aan de andere kant weerhoudt de Colonel zijn ster ervan in het buitenland op tournee te gaan (naar verluidt omdat hij zelf geen paspoort zou hebben en dus het land niet uit mag) en voert hij de werkdruk op Elvis zo hoog op omdat zijn eigen gokschulden te hoog worden.

Ook is wel eens beweerd dat Parker bewust niet heeft trachten te voorkomen dat Elvis in 1958 zijn dienstplicht ging vervullen, omdat hij bang was dat deze ten onder zou gaan aan *overexposure*.

Er is nog een andere complottheorie met betrekking tot Elvis' diensttijd, die hij voor het grootste deel in het Duitse Bad Nauheim zou vervullen: de overheid ervaart Elvis als te bedreigend voor de maatschappij en wil graag twee jaar van hem af.

Tussen maart 1958 en maart 1960 zit de King dus in West-Duitsland in dienst. Maar zijn platenmaatschappij weet de leemte handig te vullen met het uitbrengen van eerder opgenomen materiaal.

Zijn populariteit laat in 1960 aanvankelijk ook niets te wensen over, al klinken zijn hits steeds minder rock-'n-roll en worden zijn films steeds slapper.

De populariteit van Elvis onder tieners is in de jaren zestig tanende want The Beatles, The Rolling Stones en Bob Dylan hebben de popwereld dan weer opgeschud. Maar in 1968 zou Elvis Presley met zijn grote come-back-tv-special nog een keer zijn grote klasse als performer tonen, gevolgd door een aantal sublieme, in Memphis opgenomen sessies waar een aantal van zijn klassieke hits ontstaan: 'In the Ghetto' en 'Suspicious Minds'.

Maar de King gaat langzaam ten gronde aan slopende concertreeksen in Las Vegas, ongezond eten, drugs, medicijnen, depressies en eenzaamheid (hij scheidt in 1973 van zijn vrouw Priscilla).

Op 16 augustus 1977 overlijdt hij, 42 jaar oud, in zijn huis Graceland te Memphis, Tennessee.

6 Het einde van de rock-'n-roll

Voor veel pophistorici houdt de eerste fase van de rockgeschiedenis op in 1959, op 3 februari om precies te zijn. 'The day the music died', zoals de Amerikaanse liedjeszanger Don McLean het zou noemen in zijn hit 'American Pie' uit 1971.

Op die dag stort het vliegtuig van een van de meest spraakmakende rockers van dat moment, Buddy Holly, neer met aan boord ook nog zijn collega's de Big Bopper en Ritchie Valens.

Holly scoort in de jaren 1957 en 1958 met zijn Crickets een aantal nog altijd onsterfelijke zelfgecomponeerde hits als 'That'll Be the Day', 'Oh Boy', 'Peggy Sue' en 'Heartbeat'. In zijn liedjes weet hij als geen ander uiteenlopende muziekstijlen te combineren: van countryzangers als Hank Williams en Hank Snow, rock-'n-roll van Elvis en diens opvolger op het Sun-label Carl Perkins, tot de r&b van Ray Charles. Van allen hoor je de invloeden in zijn werk terug.

Als een van de weinigen uit zijn tijd schrijft hij zijn repertoire zelf en hij weet met zijn band The Crickets een echt bandgeluid neer te zetten gebaseerd op solo-, ritme-, basgitaar en drums. Een knap componist, groot vernieuwer en de tot dan toe enige rocker met bril op het podium van wie nog veel te verwachten valt.

Maar ook de carrières van veel van zijn collega's zijn al dan niet tijdelijk een halt toegeroepen.

Little Richard geeft in 1957 tijdens een tournee door Australië gehoor aan een roeping, en zegt van de ene op de andere dag vaarwel tegen de rock-'n-roll en wordt zevendedagsadventist. Vanaf de jaren zestig zou hij nog diverse comebackpogingen ondernemen, maar zijn muziek heeft nooit meer die zeggingskracht van zijn jaren-vijftigopnamen voor het Specialty-label: 'Tutti Frutti', 'Long Tall Sally', 'Lucille' en 'Rip It Up'.

Ook het succes van Jerry Lee Lewis, die net als Elvis begonnen is op het Sun-label van Sam Phillips, en verantwoordelijk is voor hits als 'Whole

Lotta Shakin' Goin' On', 'Great Balls of Fire' en 'Breathless', wordt een abrupt halt toegeroepen als in mei 1958 bekend wordt dat Lewis in het huwelijk is getreden met zijn dertien jaar oude nichtje Myra Brown.

Het schandaal wordt niet het enige maar wel het meest ingrijpende incident in de loopbaan van Lewis. Lewis, de misschien wel vervaarlijkste van alle rockers – voor wie zingen zo ongeveer gelijkstaat aan exorcisme – komt vanaf dat moment steeds meer tegemoet aan zijn reputatie als alcoholistisch, agressief, paranoïde en reactionair zanger. Een reputatie die hij tot op de dag van vandaag kracht bij weet te zetten, al brengt hij medio jaren zestig nog wel een paar meesterlijke countryplaten uit die van eenzelfde bezieling blijk geven als het werk dat Jerry Lee Lewis in de jaren vijftig uitbracht op het Sun-label.

En dan is er nog een van de grote rock-'n-rollpioniers over: Chuck Berry. Dankzij de zedenpolitie raakt ook hij na 1959 voor een paar jaar uit zicht.

Tot die tijd maakt de in 1926 geboren zanger-gitarist naam als misschien wel de beste tekstschrijver van allemaal, met zijn puntige verhalende songs, waarin hij knap de tienerrebellie tegen de oudere generaties weet te verwoorden. In zijn hits als 'Maybelline', 'Sweet Little Sixteen', 'Schooldays' en 'Johnny B. Goode' staat, anders dan in de muziek van Jerry Lee Lewis en Little Richard, de gitaar centraal. Berry is beïnvloed door zowel blues (T-Bone Walker) als jazz (Charlie Christian) en wordt in Chicago door bluesgigant Muddy Waters gewezen op het platenlabel Chess Records waarvoor Berry net als Waters gaat opnemen.

Elvis, Little Richard, Jerry Lee Lewis, Buddy Holly en Chuck Berry gelden nog altijd als de grootste pioniers van de rock-'n-roll maar hun hegemonie is in 1960 voorbij. En hoewel ook andere rockers dan Gene Vincent en Eddie Cochran in Europa grote successen in het verschiet hebben liggen, is de dominantie van rock-'n-roll in de popmuziek definitief ten einde als ook Cochran in 1960 verongelukt.

7 Een overgangsperiode 1959-1963

Met de eerste lichting wilde rockers overleden of al dan niet tijdelijk uitgerangeerd, breekt er een periode van betrekkelijke rust aan in de popgeschiedenis. De jaren tot aan de wereldwijde doorbraak van The Beatles en The Rolling Stones in 1963 zijn in de geschiedschrijving nogal eens veronachtzaamd of als creatief slap gekenschetst.

Maar is de popmuziek dan echt dood? Nee, allerminst. De smartelijke ballades van Roy Orbison, de hemelse soulmuziek van Sam Cooke of de in strijkers gedrenkte samenzang van The Drifters klinkt springlevend, authentiek en vernieuwend. Wel is het zo dat rock-'n-roll met de afwezigheid van de pioniers naar de marge van de popindustrie is verdrongen om plaats te maken voor twee betrekkelijk nieuwe fenomenen: het tieneridool en de meidengroepen.

De platenbonzen hebben inmiddels ingezien hoeveel geld er aan de jeugd verdiend kon worden, en beseffen niet ten onrechte dat niet alleen wilde rebellerende schreeuwlelijken als Little Richard en Jerry Lee Lewis de jonge platenconsument zouden aanspreken. De eerste lichting rock-'n-rolltieners is langzaam volwassen aan het worden, en hun voorkeur voor al die wilde muziek zou daarmee wellicht verdwijnen. Daarom valt de platenindustrie terug in haar oude gewoonten en worden artiesten niet zozeer geselecteerd op hun talent als op hun uiterlijk: goed ogende, keurig gekapte, zogeheten *clean cut kids* als Pat Boone en Frankie Avalon zijn evenzeer razendpopulair, en bovendien minder lastig.

De zogeheten top 40-radio doet zijn intrede en men speelt daarop vooral popmuziek, ontdaan van ruwe kantjes, en minder 'hard'. De beoogde tieneridolen moeten wel kunnen zingen, maar hebben verder geen enkele creatieve inbreng in de muziek die er van hen wordt uitgebracht. Hun repertoire wordt vervaardigd door broodschrijvers die zich hadden gevestigd in de kantoren van de *publishers* in het zogeheten Brill Building aan de New Yorkse Broadway.

Hier worden de hits geschreven voor Frankie Avalon, Bobby Rydell en Bobby Vee. Maar niet alleen voor hen, ook tal van her en der opgerichte meidengroepen als The Shirelles, The Cookies en The Chiffons krijgen hun repertoire aangeleverd door Brill Building-teams als Carole King/Jerry Goffin, Ellie Greenwich/Jeff Barry en Jerry Leiber/Mike Stoller.

De meidengroepen hebben evenmin creatieve controle over hun werk; die ligt bij de producers en de songschrijvers. Hun muziek ('Will You Still Love Me Tomorrow' van The Shirelles, 'He's a Rebel' van The Crystals of 'He's So Fine' van The Chiffons) klinkt echter nog altijd opwindend omdat die meiden de luisteraar toezingen zoals de eerste rockers: alsof ze het menen. Ze hebben niets te verliezen. De meeste *girl groups* klinken waarachtig, waar hun mannelijke collega's vooral tienermuziek maken als opstapje naar bijvoorbeeld een filmcarrière. De eerste generatie rock-'n-rollliefhebbers hoort bij de meisjes iets wat ze bij de jongens in de hitparades niet meer hoort: de bezieling van weleer.

Afgeschreven door de platenindustrie, blijkt deze generatie popliefhebbers nog helemaal niet toe aan een rock-'n-rollloos volwassenenbestaan. Ze gaan nog altijd op zoek naar muziek die anders is dan die van hun ouders, waaraan ze hun identiteit kunnen ontlenen.

Onder studenten doet, naast genres als blues, jazz en vooral folkmuziek, ook de muziek die door de schrijvers en producers (Leiber & Stoller schrijven niet alleen ze vormen ook het eerste producersteam) uit de Brill Building zijn gecomponeerd, het goed. Langzaamaan zie je dat voor het welslagen van een opname niet alleen liedje en uitvoering belangrijk zijn maar steeds meer ook het geluid. Sterker nog, voor Phil Spector, die eind jaren vijftig bij Leiber & Stoller het vak leert, wordt de sound het belangrijkste aspect, de 'ster' van de plaat.

Zijn door talloze instrumenten volgestopte geluid wordt niet voor niets tot *wall of sound* gedoopt en valt uit duizenden te herkennen op 'Da Doo Ron Ron' van The Crystals en 'Be My Baby' van The Ronettes (beide uit 1963). In plaats van popmuziek heeft Spector het liever over 'tienersymfonieën'. Wie zijn latere producties als 'You've Lost That Lovin' Feeling' van The Righteous Brothers (1965) en Ike en Tina Turners 'River Deep, Mountain High' (1966) hoort, zal daar hooguit tegen in willen brengen dat niet alleen tieners zich erdoor aangesproken hoeven te voelen.

8 Het ontstaan van soulmuziek

Maar niet alleen de meidengroepen profiteren van het werk van de brood-schrijvers uit de Brill Building. Ook zwarte zanggroepen als The Coasters en The Drifters hebben veel te danken aan, in dit geval, Leiber & Stoller. Hun vernieuwingen in popproducties, zoals die door hun stagiair Phil Spector zouden worden uitvergroot, zie je begin jaren zestig ook terug in de (zwarte) rhythm & blues.

De ambitieuze producties vol strijkers en blazers, die het geluid van veel meidengroepen kenmerken, is goed terug te horen in de soulmu-ziek, en dan met name vanaf het moment dat Leiber & Stoller 'There Goes My Baby' met The Drifters opnemen, in 1959. De met zoete strijkerarran-gementen versierde, door Ben E. King gezongen soulballade is het toon-beeld van het samensmelten van een heel gelikt, uitgebalanceerd popge-luid met een rauwe, door rhythm & blues gevormde zangstijl.

Ben E. King, die een jaar later The Drifters zou verruilen voor een solo-carrière en wederom met Leiber & Stoller in 1961 zijn klassiek geworden 'Stand by Me' zou opnemen, is niet de eerste zwarte zanger die een cross-over van rhythm & blues naar pop weet te maken.

Sam Cooke en Ray Charles gaan hem voor. Ray Charles zet in 1955 een seculiere tekst onder een van origine uit de gospelmuziek afkomstig lied-je en dit 'I Got a Woman' wordt een gigantische hit. Hoewel de muziek van Ray Charles tot die tijd geen religieuze bindingen heeft en hij meer rhythm & blues- dan gospelartiest is, zet dit succes platenmaatschappij-en op een nieuw spoor.

Ze gaan overal op zoek naar gospelzangers in de hoop hen klaar te sto-men voor een loopbaan in de popmuziek. Dat valt nog niet mee omdat de meeste gospelartiesten hun muziek zien als een roeping van God, daar waar popmuziek een uitvinding van de duivel is.

Sam Cooke, uiterst succesvol zanger in The Soul Stirrers, is aanvanke-lijk ook bang uit het gospelcircuit verstoten te worden en brengt zijn eerste single 'Lovable' in 1957 uit onder het pseudoniem Dale Cooke. Pop-noch gospelmarkt is aanvankelijk erg onder de indruk maar vanaf 'You Send Me' uit datzelfde jaar – zijn eerste single onder eigen naam – is het raak. Cooke scoort tientallen hits als 'Wonderful World', 'Chain Gang', 'Another Saturday Night' en het in 1965 postuum uitgebrachte 'A Change Is Gonna Come'. De misschien wel grootste soulzanger aller tijden wordt in december 1964 in Los Angeles doodgeschoten door de eigenaresse van een motel waar Cooke is vanwege een van zijn ontelbare amoureuze escapades.

De manier waarop hij zijn machtige gospeltenor voor popmuziek aan kon wenden, zou echter van onschatbare waarde voor het verdere verloop van de soulgeschiedenis blijken. Je hoort het terug bij The Drifters en Ben E. King maar ook bij Solomon Burke, Otis Redding en Wilson Pickett, die al vroeg in de jaren zestig hun eerste schreden zetten op het soulpad.

9 The Beatles

De hoogtijdagen van de Amerikaanse rock-'n-roll zijn met de aanvang van de jaren zestig zo goed als voorbij, en langzamerhand raken de hitparades daar weer overspoeld door brave popliedjes. Maar in Europa trilt de door Elvis, Little Richard en Chuck Berry veroorzaakte schokgolf nog lang na. Tegen Amerika en de daar ontluikende jeugdcultuur wordt vooral in Groot-Brittannië huizenhoog opgekeken. Waar de Britse jeugd zich maar niet los kan maken van het klassenbewustzijn, lijkt het of de jeugd aan de andere kant van de oceaan zich volledig heeft losgemaakt van de dagelijkse beslommeringen en al dansend op rock-'n-roll de dagen verslijt om 's avonds in de auto naar drive-inbioscopen te gaan.

Dit is het beeld zoals dat van Amerikaanse tieners via film en muziek naar Europa komt. En voor een jeugd die niet veel meer gewend is dan de toch betrekkelijk brave skifflemuziek van onder anderen Lonnie Donegan, met een geluid dat bepaald wordt door een instrumentarium van akoestische gitaar, lijkt alles wat er uit de vs komt ineens buitengewoon opwindend.

Zo ook voor John Lennon uit Liverpool, die in 1957 al zijn eerste skiffleband heeft: The Quarrymen. Hij maakt daarin kennis met Paul McCartney en via hem met diens schoolvriendje: George Harrison, die eveneens aardig gitaar speelt.

Met een andere vriend van John, Stuart Sutcliffe, op bas en Pete Best op drums doet de in 1960 ook door het rock-'n-rollvirus aangestoken band de eerste podiumervaring op. In Hamburg, waar de talloze bars avond aan avond volstromen met matrozen voor wie live-entertainment niet rauw en hard genoeg kan zijn. Een agent in Liverpool verzorgt in deze Duitse havenstad de programmering en het avond aan avond spelen voor een ruig publiek blijkt een leerzame school voor The Silver Beetles, zoals The Quarrymen zich even noemen voordat ze The Beatles worden.

De muziek die The Beatles daar in Hamburg, augustus 1960, spelen is ontleend aan de rock-'n-roll van Little Richard en Chuck Berry en de rhythm & blues van Ray Charles. Terug in Liverpool maken The Beatles naam in clubs als The Cavern, en komen onder de aandacht van de platen-winkelier Brian Epstein.

Onder zijn hoede zullen de vier Beatles (Sutcliffe is er eind 1961 niet meer bij) uitgroeien tot de geliefdste popgroep ter wereld. Na te zijn afge-wezen door Decca, komen ze terecht bij EMI, waar producer George Martin met de groep door wil, maar zonder Pete Best. Deze wordt daarop vervangen door Richard Starkey, ofwel Ringo Starr.

Een van de redenen waarom The Beatles zo ongeëvenaard succesvol worden, schuilt in het feit dat ze alles doen zoals ze dat zelf willen. Zo was het ongebruikelijk met eigen werk te debuteren, maar de eigenwijze Beatles staan erop. 'Love Me Do', de eerste single van The Beatles, is ge-schreven door het meest succesvolle songschrijversduo uit de popge-schiedenis, Lennon/McCartney, en vormt het begin van een eindeloze rij hits.

Hun debuutalbum *Please Please Me* nemen ze op in februari 1963 en wordt datzelfde jaar nog opgevolgd door *With the Beatles*. De band wordt ongekend populair en veroorzaakt overal waar ze komen een soort massahysterie. Een typisch geval van de juiste band op het juiste tijdstip op de juiste plaats. Iedere single toont progressie in songschrijverschap, dan wel uitvoering. Alles klopt aan The Beatles, die, hoe revolutionair ook, toch acceptabel blij-ven voor de gevestigde orde. Het haar is voor volwassenen nog altijd lang maar niet te lang. En de muziek, die weliswaar opruiend klinkt, is met drie uitstekend op elkaar afgestemde zangers (Lennon, McCartney en Harri-son) nooit ongecontroleerd. Ze blijken bovendien ideaal te passen in het plaatje van het dan in Europa net tot wasdom komende fenomeen jeugdcul-tuur. Ze appelleren aan gevoelens van rebellie zonder te gevaarlijk te wor-den en voorzien in de behoefte aan eigen idolen: de brutale John, de leuke charmante Paul, de olijke knuffelbeer Ringo en de evenwichtige George. Samen brengen ze een geluid voort dat er nog niet was: luidruchtig en toch melodieus. En hoewel ze dan wel sterren zijn van buitenaardse proporties, in de pers tonen ze zich niet groter dan hun fans, maar juist een van hen.

Dankzij The Beatles komt er ruimte voor andere bands: The Hollies, The Dave Clark Five, The Searchers en de ruigere The Pretty Things en The Rolling Stones.

Epstein weet dat het in Europa wel goed zit maar wil de concurrentie voor zijn waar het de Verenigde Staten betreft. En weer is zijn gevoel voor timing perfect. Op 9 februari 1964, drie maanden na de moord op John F. Kennedy, een gebeurtenis waar het land nog maar nauwelijks van bekomen is, treden The Beatles op in de tv-show van Ed Sullivan. Meer dan 73 miljoen Amerikanen zien The Beatles zes liedjes spelen, waaronder 'Please Please Me' en 'I Saw Her Standing There'. Vanaf dat moment zijn ook de Verenigde Staten om. The Beatles maken er bovendien de weg vrij voor tal van Britse popgroepen, die als de 'British Invasion' de Amerikaanse hitparades en radio-*playlists* zullen binnendringen.

10 The Rolling Stones

De ongeveer gelijktijdig beginnende Rolling Stones zijn in alles het tegendeel van The Beatles. Geen Liverpoolse working class maar Londense middle class, en niet zozeer beïnvloed door de lichte rock-'n-roll als wel door keiharde zwarte blues. Hun muzikale voorkeuren raken die van The Beatles in hun voorliefde voor Chuck Berry maar trekt meer de kant op van Howlin' Wolf en Muddy Waters.

De gemene slidegitaar- en harmonicasolo's zoals die door Chicago-bluesmuzikanten waren ontwikkeld staan model voor het spel van Stones-gitaristen Brian Jones en Keith Richards.

De Stones doen hun ervaring op in de Londense bluesclubs. Vooral iemand als Alexis Korner, die aan Amerikaanse blues verslingerd was geraakt, doet veel voor de promotie van zijn lievelingsmuziek in Londense clubs. Hij organiseert jamsessies in de Marquee Club en iedereen doet er zo goed mogelijk zijn best de Amerikaanse voorbeelden na te spelen. De originele Amerikaanse bluesplaten zijn moeilijk verkrijgbaar, en worden gretig verhandeld en verruild door liefhebbers die elkaar bij die sessies treffen.

Mick Jagger en Keith Richards komen er, maar ook Eric Clapton, Steve Winwood en John Mayall.

Maar het is bluesfanaticus Brian Jones die in The Rolling Stones aanvankelijk de artistieke richting zou bepalen en het is Andrew Loog Oldham die als manager van de Stones net zo'n belangrijke rol in hun carrière zou vervullen als Epstein bij The Beatles.

Oldham begrijpt al snel dat hij met de Stones nooit het 'aardige jongens'-imago dat Epstein zijn Beatles had gegeven kan evenaren en maakt van zijn band het tegenovergestelde, 'bad boys', door de verschillen met de ongenaakbare Beatles juist uit te buiten. In verschijning (wilder, langere haren) en muzikaal (rauwer en vervaarlijker).

In Engeland werkt dit meteen. De Stones worden er geliefd door hen die de muziek van The Beatles te 'pop' of mainstream vinden. Hoewel bevriend met The Beatles (de Stones zouden Lennon/McCartneys 'I Wanna Be Your Man' zelfs als tweede single uitbrengen) probeert Oldham publicitair de verschillen met The Beatles uit te spelen.

En met succes. Wel blijkt het idee van de 'gevaarlijke' Stones tegenover de 'brave' Beatles een concept dat in de Verenigde Staten wat later aanslaat. Daar zitten ze aanvankelijk niet zo te wachten op de bluesbewerkingen van deze blanke Londense band. En anders dan The Beatles teren de Stones vooral op liedjes van anderen, meestal van Amerikanen, en dat maakt ze toch wat minder origineel in hun aanpak dan The Beatles, die het toch al snel van eigen materiaal moeten hebben.

Maar na een tour in 1964 en vooral als de single '(I Can't Get No) Satisfaction' in de zomer van 1965 verschijnt, is de doorbraak van de Stones in de Verenigde Staten een feit. Manager Andrew Loog Oldham is dan al vervangen door de Amerikaanse accountant Allen Klein.

11 The Beatles en de Stones

De controverse Beatles versus Stones is altijd blijven bestaan. Je bent in de jaren zestig óf voor The Beatles óf voor de Stones, voor beide kan eigenlijk niet, zoals je ook niet voor Ajax én Feyenoord kunt zijn. Achteraf is dat nauwelijks voor te stellen, want natuurlijk, The Rolling Stones bestaan nog altijd en weten wereldwijd nog stadions met fans te vullen, ook al wordt het stilaan toch wat minder.

Maar het zijn The Beatles die zichzelf blijven vernieuwen, waarna er hooguit een reactie van hun concurrenten komt. The Rolling Stones zijn begin jaren zestig vooral een band van meesterlijke r&b-singles, maar 'It's All Over Now', 'Time Is on My Side' en 'Little Red Rooster' zijn covers (van respectievelijk Bobby Womack, Irma Thomas en Willie Dixon) waar The Beatles toch in eerste instantie met eigen werk imponeren.

Na 1965 zouden The Rolling Stones zich echter wel in positieve zin van The Beatles onderscheiden door hun livereputatie. Waar The Beatles na een concert in het New Yorkse Shea Stadion definitief besluiten geen concerten meer te geven omdat ze zichzelf niet meer konden horen vanwege het hysterische gejoel van hun fans, zouden The Rolling Stones zich blijven ontwikkelen tot uiteindelijk de meest opwindende liveband ter wereld.

The Beatles zouden zich intussen vooral in de studio laten gelden en zetten met het album *Rubber Soul* in 1965 een nieuwe standaard binnen de popmuziek. Een plaat die een jaar later zo mogelijk nog overtroffen wordt door *Revolver*. Ze zijn eigenlijk de eerste band die samen met hun producer George Martin de studio als speeltuin gebruikt. Voor de songschrijvers Lennon en McCartney is het componeren van goed doortimmerde liedjes niet genoeg, ze willen ook optimaal gebruikmaken van de nieuwste opnametechnieken.

De band legt een zeldzame experimenteerdrift aan de dag, culmine-rend in het slotstuk van *Revolver*, het met *tape-loops* samengestelde 'To-morrow Never Knows'. Veertig jaar na dato klinkt dit nummer nog net zo futuristisch als toen. De tranceopwekkende ritmische herhalingen liepen bovendien twee decennia vooruit op de elektronische beats en sound die binnen dance de norm zou uitmaken.

Los van hun onnavolgbare compositorische kwaliteiten, hebben The Beatles ook het voordeel overal de eersten in te zijn. Dat er nog altijd naar hun muziek wordt terugverwezen komt voor een belangrijk deel hier-door: The Beatles koppelen hun liefde voor klassieke popliedjes aan een grenzeloze experimenteerdrift. Hun niet-aflatende gebruik van geestver-ruimende middelen wordt vaak, ook dankzij uitspraken van The Beatles zelf, gezien als een belangrijke factor in hun tomeloze creativiteit. Ze kunnen bovendien doen wat ze willen in de studio, waar geen opname-budget te hoog is, en alles in het teken wordt gesteld van die plaat maken zoals die nog nooit gemaakt was. Steeds een stapje verder, steeds op zoek naar iets nieuws.

Binnen de parameters van een popliedje zouden The Beatles in enkele jaren alle mogelijkheden uitproberen. Alle pogingen van popgroepen na hen om hier nog iets aan toe te voegen zouden stranden. The Beatles pro-beren domweg alle mogelijkheden die je met zang, gitaar, bas en drums tot je beschikking hebt binnen een popliedje, uit.

Van heel klein en vertederend ('Yesterday') tot wild en onstuimig ('Helter Skelter') en van de eenvoudig in één keer ingezongen liedjes uit hun beginjaren tot zeer complexe, vaak laag over laag ingespeelde num-mers waar complete orkesten voor worden ingezet als 'A Day in the Life', alles kunnen The Beatles.

De overtreffende trap van ambitieus bereikt de band in 1967 met hun *Sgt. Pepper's Lonely Hearts Club Band*, een plaat die niet alleen een mijlpaal in de popgeschiedenis zou worden vanwege de muziek. Voor het eerst is hier een Beatles-lp meer dan een verzameling op zichzelf staande pop-liedjes. Het geheel moet veel meer zijn dan de som der delen en kosten noch moeite worden daarom gespaard. Producer George Martin werkt negen maanden op een viersporenrecorder om alle orkestpartijen en ge-luidseffecten samen met de liedjes tot een geheel te mixen. *Sgt. Pepper's* wordt een kunstwerk dat boven de popmuziek uit stijgt, zowel muzikaal als tekstueel. Voor het eerst in de popgeschiedenis staan alle songteksten op de hoes afgedrukt.

Popmuziek, zo moet *Sgt. Pepper's* bewijzen, is niet louter en alleen een jeugdhobby, het is kunst geworden, en wordt ook als zodanig erkend.

En met de toetreding tot de wereld van de hogere kunsten verliest popmuziek ook een stuk van zijn onschuld, in ieder geval van zijn eenvoud.

Dankzij het immense succes van de plaat is bewezen dat popmuziek niet per definitie eenvoudig uitvoerbaar hoeft te zijn, en juist doordat popmuziek niet meer synoniem staat aan simplisme gaat er voor vele rock-'n-rollliefhebbers ook een deel van de charme af. Er bestaat hierdoor onder popliefhebbers tot op de dag van vandaag een tweedeling tussen hen die popmuziek het liefst zien als een primitieve uiting van elementaire emoties, en hen die hun creativiteit graag vormgeven in langdurige, cerebrale studio-exercities.

Stones-fans bevinden zich vooral in het eerste kamp, maar die worden in 1967 aardig op de proef gesteld, met het psychedelische *Their Satanic Majesties Request*: het volledig volgens *Sgt. Pepper's*-procedé vervaardigde Stones-antwoord op The Beatles.

The Beatles zelf kiezen met hun titelloze dubbel-lp (vanwege de witte hoes ook wel *White Album* genoemd) in 1968 juist weer voor eenvoud, wat de Stones ongetwijfeld beter uitkomt. Maar de chemie in de band is op. Vrouwen – Pauls Linda Eastman en vooral Johns Yoko Ono – spelen een belangrijke rol in de desintegratie van de band. Eigenlijk is de controle over de band, die ongekende rijkdom en populariteit geniet, al weg met de dood van manager Brian Epstein in augustus 1967.

Zonder hem gaan ze met zaken de mist in (Apple Records), maken ze wanstaltige films (*Magical Mystery Tour, Yellow Submarine*) en vinden ze hun Waterloo tijdens de gefilmde pogingen tot het opnemen van *Let It Be*. De plaat komt in 1970 uit maar de werkelijke zwanenzang, het laatste album waarop The Beatles samenspelen, komt uit in 1969, *Abbey Road*.

In acht jaar tijd hebben The Beatles popmuziek een ander aanzien gegeven. Ze zouden altijd de eersten blijven, en geen last van een remmende voorsprong hebben. Als in 1970 de onderlinge chemie is uitgewerkt, houden ze domweg op te bestaan. Er worden daarna vele even goede liedjes als, en enkele betere liedjes gemaakt dan ooit door The Beatles, maar het zou eigenlijk onmogelijk blijken voor een popgroep om The Beatles in zeggingskracht en betekenis te overtreffen.

12 Brian Wilson en The Beach Boys

In eigen land zouden de Britse Beatles en de Stones tot de dag van vandaag als ongenaakbaar gelden, met hooguit concurrentie van The Who
en The Kinks. In de Verenigde Staten, echter, werken twee bands los van
elkaar aan een carrière die midden jaren zestig zou resulteren in muziek
die minstens zo tijdloos zou blijken. Maar de geschiedenis van deze
groepen, The Beach Boys en The Byrds, is niet los te zien van die van The
Beatles.

Als er een groep is die niet alleen de kwaliteiten heeft maar ook nog de
ambitie om The Beatles te overklassen in perfectie en vernieuwingsdrift
dan zijn dat The Beach Boys, met in het bijzonder hun belangrijkste liedjesschrijver Brian Wilson.

Wilson, uit Hawthorne, een buitenwijk van Los Angeles, begint in
1961, 19 jaar oud, The Beach Boys met zijn jongere broers Dennis (17) en
Carl (15), zijn neef Mike Love en buurjongen Al Jardine. Vanaf de eerste
hit, 'Surfin'', vallen ze op door hun precieze samenzang, in knappe composities die afwisselend zeer complex en simpel zijn. De teksten van
Brian voeden het beeld van het door Chuck Berry (van wie The Beach Boys
diverse melodieën zouden overnemen) gedefinieerde *Promised Land*. Californië als het beloofde land, waarin een zorgeloos bestaan draait om auto's (*hot rods*), meisjes, strand en surfen. Hoewel behalve drummer Dennis niemand van The Beach Boys met een surfplank overweg kan, kost het
Brian geen moeite er geloofwaardig over te schrijven.

Want zijn Beach Boys scoren hit na hit, terwijl ook hun lp's het verras-
send goed doen. Zó goed dat platenmaatschappij Capitol Brian het ver-
trouwen geeft om vanaf de derde Beach Boys-lp, *Surfer Girl*, zelf achter de
knoppen in de studio plaats te nemen.

Daarmee is The Beach Boys in 1963 de eerste popgroep die zijn eigen
platen mag produceren, een vrijheid die hij niet zou beschamen want de
groep zou volop hits blijven afleveren. Brian Wilson raakt er vanaf 1964

steeds meer van overtuigd dat zijn plaats in de studio is en niet op het podium. Hij stopt met toeren en legt zich vanaf dan toe op componeren en opnemen. In die hoedanigheid zal hij echter steeds meer geobsedeerd raken door twee grootheden in de popmuziek, die hem aanvankelijk vooral inspireerden maar wier genialiteit hem op den duur bijna tot waanzin zouden drijven: Phil Spector en The Beatles.

Phil Spector heeft midden jaren zestig veel succes met The Ronettes en The Crystals, twee meidengroepen wier samenzang in combinatie met de door Spector zwaar aangezette arrangementen (de zogeheten *wall of sound*) uniek klinkt. Liedjes als 'Be My Baby' en 'Da Doo Ron Ron' hebben een monumentaal geluid, dat tot dan toe ongehoord is.

Wilson laat zich sterk door de Spector-sound beïnvloeden, maar blijft altijd het gevoel houden Spector niet te kunnen verbeteren.

Nog moedelozer wordt hij van The Beatles, een groep die hij in 1964 al toedichtte alles waar hij met zijn Beach Boys voor stond te hebben overtroffen in kwaliteit. Zijn eigen meesterwerk, *Pet Sounds* uit 1966, is vooral een antwoord op *Rubber Soul*, de lp van The Beatles uit 1965. Dat Paul McCartney *Pet Sounds* op zijn beurt weer veel hoger aanslaat dan zijn eigen werk, heeft Wilson nooit willen geloven. Als The Beatles in 1967 de popwereld op zijn kop zetten met hun *Sgt. Pepper's Lonely Hearts Club Band*, zit Wilson net in de opnamen van *Smile* en schiet hij in een depressie waar hij eigenlijk nooit meer uit komt.

Het succes van The Beatles stuwt Wilson tot hoge artistieke pieken, maar evenzeer tot een peilloze geestelijke afgrond. Zijn *Smile* weet hij niet meer te voltooien, en zijn inbreng in andere platen van The Beach Boys wordt gaandeweg minder, al zou de band met *Friends* (1968), *Sunflower* (1970), *Surf's Up* (1971) en *Holland* (1972) nog een aantal klassieke pop-albums afleveren.

Wilson raakt steeds meer gedrogeerd, komt zijn bed niet meer uit en zal pas eind jaren tachtig, dankzij een zeer rigoureuze behandeling door dokter Eugene Landy, weer in de openbaarheid verschijnen. Een paar aardige platen zijn het resultaat, en Wilson, die door zijn familie wordt gedwongen afstand van zijn geneesheer te doen omdat die zijn gezondheid meer schade dan goed zou doen, gaat zelfs weer op tournee.

Groots is zijn vertolking in Londen, begin 2002, van *Pet Sounds*, en zeer veel lof wordt hem toegezwaaid wanneer hij in 2004 na zevenendertig jaar zelfs zijn Smile weet te voltooien. In hoeverre dit het werk van de labiele en de geestelijk zeer afgetakelde Wilson zelf is of dat van Van Dyke Parks, die ook in 1967 al bij het project betrokken is, of anders van zijn begeleidingsband The Wondermints, is nog altijd onduidelijk.

Wanneer Wilson bij de integrale Smile-vertolking in Amsterdam, maart 2004, afwisselend panisch, vreugdeloos en opgelucht achter zijn niet aangesloten elektrische piano zit, zie je daar vooral een deerniswekkende persoon, die zich met zichzelf geen raad weet. Alle prachtmuziek ten spijt.

13 The Byrds

Ook The Byrds, die andere grote band uit de Amerikaanse popgeschiedenis van de jaren zestig, heeft zo zijn relatie tot The Beatles. Zo was het de toen tweeëntwintigjarige gitarist Roger McGuinn (die zich toen nog Jim noemde) die in een bioscoop in 1964 de Beatles-film *A Hard Day's Night* zag. Hij is vooral getroffen door gitarist George Harrison, die er een twaalfsnarige Rickenbacker in bespeelt, en schaft eenzelfde instrument aan.

Het *jingle jangle*-geluid van de Rickenbacker is samen met de meerstemmige zang bepalend voor de sound van The Byrds.

McGuinn is in de band, die door platenmaatschappij Columbia al snel wordt beschouwd als het Amerikaanse antwoord op The Beatles, de enige rocker. De andere bandleden komen uit de folk- en singer-songwritertraditie: Gene Clark (zang/tamboerijn), David Crosby (gitaar/zang), Chris Hillman (bas/zang) en Michael Clarke, de drummer, die net als Dennis Wilson in The Beach Boys als mooie jongen de meisjes naar The Byrds moet lokken.

Van meet af aan lijkt de carrière van The Byrds net zo'n hoge vlucht te nemen als die van The Beatles. Hun eerste single, 'Mr. Tambourine Man', is meteen in vele landen een nummer één-hit. De debuut-lp met dezelfde titel wordt in 1965 meteen al herkend als een buitengewoon compleet rockalbum, met afwisselend rustige en stevige, folky en rockende liedjes, gedragen door sterke samenzang en sprankelend gitaarspel van McGuinns Rickenbacker.

En net als The Beatles zouden The Byrds het vasthouden aan een bepaald stijlmiddel zien als stilstand. Hoewel hun tweede lp Turn! Turn! Turn!, dat in het titelnummer nog een wereldhit kent, stilistisch nog weinig van het debuut afwijkt, gaat dat voor latere platen niet meer op.

The Byrds verkeren in de gelukkige omstandigheid niet alleen over meerdere mooie stemmen te beschikken maar ook over meerdere uitstekende liedjesschrijvers. Is het op de eerste twee platen vooral Gene Clark die de liedjes levert, na zijn vertrek in 1966 profileren Chris Hillman en vooral David Crosby zich steeds meer als componist. Mede ingegeven door de muzikale veelzijdigheid van Crosby, is *Fifth Dimension* veel experimenteler, met verwijzingen naar zowel psychedelica als de jazz van John Coltrane in *Eight Miles High*. Het beste Byrds-album, mede dankzij enkele composities van Chris Hillman ('Have You Seen Her Face', 'Thoughts and Words'), is misschien wel het vierde, *Younger Than Yesterday*, uit 1967. Niet geheel ten onrechte werpt de muzikaal meest veelzijdige en visionaire Crosby zich steeds meer op als leider van de band. Tot groot ongenoegen van McGuinn, die de botsing der ego's ook zal overwinnen. Zonder Crosby maken The Byrds het overigens meesterlijke *The Notorious Byrd Brothers*, waarop country en folk als nooit tevoren samenvloeien met pop.

Wanneer begin 1968 ene Gram Parsons zich bij de groep komt melden leggen The Byrds een fundament voor een compleet nieuw genre, countryrock. Het is in die tijd ongebruikelijk dat progressieve rockmuzikanten zich inlaten met de als aartsconservatief bekendstaande countrymuziek uit Nashville.

Toch is dat precies wat The Byrds doen op *The Sweetheart of the Rodeo*. Parsons' rol is geen lang leven beschoren; hij verlaat de band nog datzelfde jaar 1968 omdat hij er niet over peinst in het door apartheid verscheurde Zuid-Afrika op te treden. Kort daarop vertrekt ook Hillman en samen met Parsons richt hij The Flying Burrito Brothers op. Op hun in 1969 verschenen debuut-lp *The Gilded Palace of Sin* is nog altijd het best te horen hoe country, rock en ook soulmuziek kunnen samenvloeien tot een uniek hartverscheurend soort liedjes. Gram Parsons zingt hier vanuit de tenen, iets wat hij begin jaren zeventig nog zal herhalen op zijn twee soloplaten GP en *Grievous Angel*, inmiddels countryrockklassiekers mede door de prachtige duetten met de dan nog onbekende Emmylou Harris.

Deze platen vormen het slotakkoord. De rusteloze Parsons overlijdt in 1973 aan zijn excessieve consumptie van drugs en sterkedrank. Voorafgaand aan zijn solocarrière hangt Parsons, die het na de tweede, veel mindere Burritos-plaat ook daar voor gezien houdt, nog een tijdje rond bij The Rolling Stones. Vooral Keith Richards steekt veel van Parsons op, zoals te horen is op de door countryrock beïnvloede Stones-platen *Sticky Fingers* en *Exile on Main Street*, twee van hun beste lp's.

The Byrds zelf zouden na *Sweetheart of the Rodeo* nooit meer zulke complete platen uitbrengen, al tekent de band van het enig overgebleven oorspronkelijke groepslid in 1970 nog wel voor een paar schitterende en ook succesvolle singles als 'Jesus Is Just Alright' en 'Chestnut Mare'.

Gene Clark maakt in de jaren zeventig een paar mooie maar nauwelijks verkochte soloplaten, Roger McGuinn is ook sinds de jaren zeventig actief als soloartiest maar kan het Byrds-succes evenmin evenaren. David Crosby is van allemaal het meest in de belangstelling blijven staan. Door zijn samenwerking met de uit Byrds-rivaal Buffalo Springfield afkomstige Stephen Stills, die weer gevolgd wordt door een ontmoeting tussen beide gitaristen met de uit de Britse Hollies afkomstige Graham Nash. Crosby, Stills & Nash worden in verschillende onderlinge combinaties succesvol, maar het meest beroemd worden ze samen met Neil Young, een ander lid uit Buffalo Springfield. De plaat *Déjà Vu* (1970) van Crosby, Stills, Nash & Young geldt nog altijd als een van de beroemdste uit de popgeschiedenis.

14 Bob Dylan

Neil Young is een van die weinige artiesten die in alle decennia dat rockmuziek bestaat, een belangrijke rol spelen. In zeggingskracht en invloed moet hij eigenlijk hooguit Bob Dylan boven zich dulden. In de jaren zestig zet Dylan de New Yorkse folkbeweging naar zijn hand, om diezelfde beweging vervolgens tegen zich in het harnas te jagen door keiharde rockmuziek te gaan spelen.

Hoewel hij met de drie elektrische rockplaten die hij midden jaren zestig opnam, Bringing It All Back Home (1965), Highway 61 Revisited (1965) en Blonde on Blonde (1966), de popgeschiedenis deed kantelen op een wijze zoals hij dat nooit meer zou evenaren, zou hij ook in de jaren zeventig met platen als Blood on the Tracks en Desire nog zeer succesvol zijn. In de jaren tachtig (zeker na zijn bekering tot het christendom zoals hij dat in 1979 op de plaat Slow Train Coming gestalte gaf) verliest Dylan weliswaar aan impact, maar maakt hij bijvoorbeeld in 1989 nog het goed ontvangen Oh Mercy, om vervolgens in de jaren negentig zijn liefde voor oude folk en countryliedjes te hervinden. Die hernieuwde kennismaking met de muziek die hem ooit op het spoor van Woody Guthrie naar New York bracht, zou hem nieuwe inspiratie geven. De drie platen die hij vanaf 1997 uitbrengt, Time Out of Mind (1997), Love and Theft (2001) en Modern Times (2006), kunnen niet alleen rekenen op zijn beste kritieken, ze verkopen ook beter dan gebruikelijk.

Bob Dylan is na al die jaren nog altijd een artiest die ertoe doet en nieuwe generaties popmuzikanten weet te inspireren. Al in de jaren zestig merkt John Lennon op dat voordat hij Bob Dylan had horen zingen hij nooit had beseft dat liedjes zo persoonlijk en emotioneel direct konden zijn. Of zoals Bruce Springsteen later zou zeggen: 'Zoals Elvis ons lichaam bevrijdde, zo bevrijdde Bob Dylan onze geest.'

Maar hoewel volstrekt authentiek en op zichzelf staand is het helemaal nog niet zo vanzelfsprekend dat de muziek van Bob Dylan zo'n groot gehoor onder rockliefhebbers zou vinden. Het is vooral dankzij The Byrds, die debuteren met een liedje van Bob Dylan – 'Mr. Tambourine Man' –, dat hij ook naamsbekendheid krijgt buiten de kring van folkmuzikanten, al dan niet verbonden met de protestbeweging. Je zou kunnen zeggen dat Bob Dylan net zoveel aan The Byrds te danken heeft als zij aan hem.

Als Robert Allen Zimmerman wordt Dylan in 1941 in Duluth, Minnesota geboren. Via de radio wordt hij al vroeg gegrepen door country- en hillbillymuziek en hij vindt in Hank Williams een favoriet. Aan de universiteit van Minnesota leert hij de protestliedjes van Woody Guthrie kennen, en daar raakt hij zo door geobsedeerd dat hij na drie semesters naar New Jersey trekt, op zoek naar zijn idool die er in een ziekenhuis ligt, lijdend aan de ongeneeslijke ziekte van Huntington.

Hij belandt in New York en raakt er verzeild in de folkbeweging van Greenwich Village. In de kleine bars en cafés rond MacDougal Street aan het Washington Square treedt hij veelvuldig op en wordt hij ontdekt door John Hammond van Columbia, die hem een platencontract aanbiedt. Zijn debuut-lp *Bob Dylan* verschijnt in 1962 en bevat naast allemaal bewerkingen van folktraditionals twee eigen composities.

Bob Dylan wordt op handen gedragen in de folkbeweging, zeker nadat hij zich vanaf 1963 met liedjes als 'Blowin' In The Wind' en 'The Times They Are a-Changing' nadrukkelijk als protestzanger lijkt te profileren.

Maar Dylan wil uit het benepen folkcircuit treden en aansluiting vinden bij de rockmuziek, die langzaam de jeugdcultuur in haar greep lijkt te krijgen. Zijn akoestische gitaargeluid verruilt hij daarom vanaf 1965 voor een keiharde elektrische rocksound. Wanneer hij op het folkfestival van Newport in 1965 met de band van Paul Butterfield geen folk maar snoeiharde blues en rock-'n-roll laat horen, wordt hij uitgejouwd door zijn idealistische folkfans van het eerste uur, die rockmuziek als een vulgair kapitalistisch exces beschouwen.

Ook in Europa hebben zijn fans het er maar moeilijk mee. Beroemd is het incident in de Manchester Free Trade Hall. Iemand in de zaal roept wanneer Dylan met The Band rockmuziek begint te spelen keihard 'Judas'.

Hoewel uitgekotst door de harde kern van folkliefhebbers, vindt Dylan met zijn rockmuziek wel steeds meer gehoor onder rockliefhebbers.

Een acceptatie die voortkomt uit het veldwerk dat The Byrds verrichten. Zij hebben dezelfde platenmaatschappij en muziekuitgever als Bob Dylan, bovendien is zanger Roger McGuinn een groot folkliefhebber en zeer gecharmeerd van Dylans liedjes.

'Mr. Tambourine Man' zet in 1965 niet alleen de *jingle jangle*-gitaarmuziek van The Byrds op de kaart maar maakt ook de naam van de componist bekend bij de popliefhebbers.

Met liedjes als 'Subterranean Homesick Blues' en 'Like a Rolling Stone' toont Dylan zich zeer geschikt voor de hitparade, terwijl ook de culturele impact van albums als *Blonde on Blonde* nauwelijks te overschatten is. Zijn visioenrijke beeldende teksten sluiten aan bij de belevingswereld van de jongeren, die, al dan niet onder invloed van geestverruimende middelen, in Dylan de profeet zien die de wereld van oorlogsdreiging (Vietnam) en ongelijkheid moet verlossen.

De bezeten muziek en teksten van Bob Dylan vormen de ideale soundtrack voor de generatie van babyboomers, die tegen hun ouders en het establishment in opstand komt.

15 Jimi Hendrix

Het verhaal gaat dat het Bob Dylan is die zo rond 1965 Jimi Hendrix – die al jaren actief is als sessiegitarist voor onder meer Little Richard en The Isley Brothers – weet te overtuigen zelf ook te gaan zingen. Als iemand als Bob Dylan met zo'n 'lousy' stem zo ver kan komen, waarom ik dan niet, moet hij gedacht hebben. En het zou in het New Yorkse Cafe Wha? zijn dat Hendrix – zoals Dylan jaren eerder – wordt ontdekt. Hij is dan nog frontman van het r&b-bandje Jimmy James and The Blue Flames.

Elvis Presley, The Beatles, de Stones en Bob Dylan hebben popmuziek hart, ziel en hersens gegeven. Door hun toedoen word je als rockmuzikant pas serieus genomen indien je zelf je repertoire schrijft, en je eigen teksten zingt. Maar dat allemaal nog wel binnen het stramien van een liedje. Bob Dylan wil daar nog wel eens uitbreken met lange meanderende verzen van soms wel meer dan tien coupletten. Maar hoe verzengend hard ook, hij en The Rolling Stones blijven altijd binnen de contouren van een *liedje*: couplet, refrein, couplet met daarbinnen wat ruimte voor een solo of instrumentaal bruggetje.

Hoewel The Beatles, The Byrds en de Stones een aantal knappe instrumentalisten in hun gelederen hebben, krijgen zij weinig ruimte voor solo's of improvisaties, domweg omdat popmuziek nog lang zou vasthouden aan het drieminutenmetier van een singlekantje.

Rockmuziek zoals we die vandaag de dag kennen ontleent haar klasse echter niet alleen aan het liedje of de zang, maar ook aan de instrumentalisten. Het spelen van solo's was iets wat vooral binnen de jazz thuishoorde, niet in popmuziek.

Het is Jimi Hendrix die laat zien dat je met een gitaar veel meer kunt dan in dienst van de compositie een melodie spelen. In de muziek van Jimi Hendrix is de gitaar het belangrijkste. Dit instrument bepaalt meer dan de zang het verloop van een compositie. Hij is niet veel meer dan vier jaar in zicht – hij stikt in september 1970 na een overdosis pillen in zijn braaksel – maar sinds Hendrix heeft rockmuziek er een belangrijk ijk-punt bij gekregen: de gitaarsolo. Jimi Hendrix heeft laten zien dat virtuo-siteit in rock-'n-roll wel degelijk bestaansrecht heeft. Improvisatietalent is niet alleen nodig voor een jazzmuzikant. Ook in rockcomposities wordt gaandeweg steeds meer ruimte ingebouwd voor langdurige solo's.

Veel gitaristen hebben getracht het niveau van Hendrix te evenaren, maar van Eric Clapton tot Jeff Beck en Jimmy Page, ze zullen allemaal hun meerdere in hem erkennen.

Het is wel hun Engeland waar Jimi Hendrix de kans krijgt zijn kunst tot het uiterste te perfectioneren. Want de man die hem in juni 1966 in Ca-fe Wha? ziet spelen, de Britse Chas Chandler (voormalig bassist van The Animals), is vastbesloten van Hendrix een ster te maken, om te beginnen in Engeland.

Hendrix lijkt hem de ideale exotische toevoeging aan de dan welig tie-rende popscene in Londen die volledig in de ban is van de Swinging Six-ties.

De met blues en rock-'n-roll opgegroeide Hendrix wordt in Londen met open armen ontvangen. Gitaristen en aspirant-sterren als Eric Clap-ton en Jeff Beck zijn diep onder de indruk. Chandler kleedt Hendrix in psychedelisch gekleurde jasjes en koppelt hem aan een ritmesectie: Noel Redding op basgitaar en Mitch Mitchell op drums.

De singles 'Hey Joe' en 'Purple Haze' en het album *Are You Experienced* zouden begin 1967 in Europa inslaan als een bom, en The Jimi Hendrix Experience speelt in juni van dat jaar tijdens zijn Amerikaanse livedebuut op het Monterey Festival de sterren van de hemel.

De linkshandige gitarist kan zowel solo- als slaggitaar spelen en weet technische hulpmiddelen tot het uiterste uit te buiten. Veel gitaristen zijn al uitgerust met pedalen, feedback en *distortion*, maar het geluid dat Hendrix voortbrengt blijkt voor niemand benaderbaar.

Met zijn Experience zou Hendrix nog twee experimentelere rockpla-ten maken, *Axis: Bold as Love* (1967) en *Electric Ladyland* (1968). Hij vergt daarop niet alleen het uiterste van zijn luisteraar maar ook van zijn bege-leiders. Die houden het eind 1969 dan ook voor gezien, waarop Hendrix een nieuwe band formeert: de Band of Gypsys.

Een nieuwe studioplaat blijft echter uit. Wanneer Hendrix op 18 sep-tember 1970 overlijdt wordt wel het startsein gegeven voor een tot op de dag van vandaag voortdurende parade van schimmige compilaties en liveregistraties. Hendrix bracht tijdens zijn leven slechts drie studio-albums, een singlescompilatie en een liveplaat met de Band of Gypsys uit, maar er is inmiddels een veelvoud aan Hendrix-titels verkrijgbaar. Het mooist zijn de festivaloptredens van Monterey en Woodstock en de registratie van zijn concert op Isle of Wight, luttele weken voor hij in Londen overlijdt.

16 What Is Soul? Motown of Stax?

Motown

Los van de rockmuziek, die eind jaren zestig mede dankzij Dylan en Hendrix tot grote populariteit groeit en steeds veelzijdiger wordt, heeft ook de zwarte muziek zich inmiddels enorm ontwikkeld. Hiervoor zijn eigenlijk twee labels verantwoordelijk: het Motown-label van Berry Gordy Jr. uit Detroit, en het Stax-label uit Memphis.

Beide hebben hun eigen werkwijzen en ambities, en lijken vaak elkaars tegenpool, maar beide zouden uiteindelijk op eigen wijze van onschatbaar belang zijn voor de ontwikkeling van vooral de zwarte popgeschiedenis.

Eerst even terug naar het begin van de jaren zestig. The Beatles en The Rolling Stones, met in hun kielzog tal van andere Britse rockbands (The Who, The Animals en The Kinks), hebben in de Verenigde Staten een heuse trend veroorzaakt, ook wel aangeduid als de British Invasion. De pop van de door Phil Spector geproduceerde meidengroepen (The Ronettes en The Crystals) en de Brill Building-composities van Leiber en Stoller moeten plaatsmaken voor het rauwere beatgeluid.

Maar er is een platenlabel dat maar hits blijft produceren, sterker nog, hun platen worden zelfs door The Beatles en de Stones gecoverd. Waar echter in de jaren vijftig blanke coverversies de zwarte originelen meestal wegvaagden, blijven dit keer de zwarte versies fier overeind.

Het label heet Motown en wordt in 1959 opgericht door de zwarte entrepreneur Berry Gordy. Gordy heeft al wat gedaan in het boksen, is eigenaar van een platenzaak en heeft zich ontfermd over de net als Gordy uit Detroit afkomstige zanger (en ex-bokser) Jackie Wilson. Hij is songschrijver van onder meer 'Reet Petite' en 'Lonely Teardrops', liedjes die hij verkoopt aan andere platenlabels.

Als hij er echter achter komt dat hij veel meer geld kan verdienen door zijn liedjes zelf op plaat uit te brengen richt hij Motown op.

De eerste grote Motown-hit, 'Money (That's What I Want)', komt in 1960 van Barrett Strong. Het liedje wordt later ook door The Beatles opgenomen. En hoewel Gordy zich aanvankelijk richt op de zwarte markt, en de zogeheten rhythm & blues (r&b)-hitlijsten, begrijpt Gordy al snel dat hij met zijn blijkbaar ook door blanke popliefhebbers opgepikte muziek met een paar kleine aanpassingen veel meer kan verdienen. Zijn doel is een brug te slaan naar de algemene pophitparades, en deze lijsten worden bepaald door het consumentengedrag van vooral blanke tieners.

De slimme Gordy neemt het aloude Brill Building-idee over door vaste songschrijvers liedjes te laten aandragen voor de door hem ontdekte zangers en zangeressen. In een soort van competitie worden iedere week de liedjes voorgespeeld en wie tijdens die vergaderingen de meeste respons krijgt heeft gewonnen. Het aardige is dat Gordy, die zelf ook liedjes schrijft, zelf ook aan die wedstrijdjes meedoet. Zijn grootste concurrent de eerste Motown-jaren is William 'Smokey' Robinson. Robinson is behalve liedjesschrijver ook zanger van de groep The Miracles. En het is Robinson wiens talenten al in 1959 door Gordy worden ontdekt en die op zijn beurt Gordy zou adviseren zijn eigen label Motown op te richten. Gordy en Robinson samen zijn in de eerste helft van de jaren zestig de drijvende krachten achter het Motown-succes.

Tot 1970 is Robinson bovendien de enige zanger uit de Gordy-stal die zelf zijn liedjes mag schrijven.

Het aardige is dat Gordy dus nogal eens van Robinson verliest, bijvoorbeeld in 1964 als Robinson voor de nog niet doorgebroken Temptations de hit 'The Way You Do the Things You Do' aandraagt. Gordy hanteert heel sportief ook de regel dat wie voor een van zijn artiesten een hit produceert, aan die artiest gekoppeld blijft. Robinson zou tot 1966 hits blijven leveren aan The Temptations, maar moet na het floppen van 'Get Ready' de fakkel overdragen aan Norman Whitfield. Ook zelf blijft Robinson echter met zijn Miracles erg populair met hits als 'You Really Got a Hold on Me' (ook gecoverd door The Beatles) en 'The Tracks of My Tears'.

Met The Supremes is zowel Robinson als Gordy echter minder succesvol. Het is het trio Holland, Dozier en Holland dat de dames in de zomer van 1964 met 'Where Did Our Love Go' aan hun eerste hit zou helpen. Er volgt een hele trits: 'Baby Love', 'You Can't Hurry Love' en 'Stop! In the

Name of Love'. De beste zangeres van de drie Supremes lijkt Florence Ballard, maar die met het grootste ego is Diana Ross. Zij eist steeds meer de leidersrol op, waarop Ballard het trio in 1967 verlaat.

H-D-H, zoals de drie producers zich noemen zouden met Robinson en later Norman Whitfield de belangrijkste hits componeren die door behalve The Temptations en The Supremes door onder meer The Four Tops ('Reach Out, I'll Be There') en Martha Reeves and the Vandellas ('Dancing in the Streets') de *charts* in worden gezongen.

Slechts twee zangers uit de Motown-stal mogen langzaamaan – net als Robinson – hun eigen repertoire gaan opnemen: Stevie Wonder en Marvin Gaye. Zowel Gaye als Wonder eist min of meer bij toeval steeds meer rechten op. Marvin Gaye, die behalve als soloartiest ook beroemd wordt door duetten met Kim Weston en Tammi Terrell, neemt in de studio steeds meer over en gaat ook voor andere artiesten schrijven en produceren.

Ook Stevie Wonder krijgt steeds meer vrijheid nadat hij in 1966 met 'Uptight (Everything's Alright)' heeft aangetoond dat hij het beste zelf een gevolg kan geven aan zijn loopbaan, die in 1963 zo fortuinlijk was begonnen met 'Fingertips, Pt. 2'. Het bleek Motown moeilijk de toen dertienjarige Wonder nieuwe hits te geven, dus schreef Wonder ze zelf. In de jaren zeventig gaat hij zijn platen ook helemaal volspelen, maar daar kan onder Gordy in de jaren zestig nog geen sprake van zijn. Hij heeft zijn artiesten strak in de hand. Hij brengt ze manieren bij, en geeft ze dansles zodat het blanke publiek niet al te veel wordt afgeschrikt. Bovendien moeten alle Motown-platen om de herkenbaarheid te vergroten een uniform geluid krijgen.

En de pijlers van deze vermaard geworden Motown-sound zijn pianist Earl Van Dyke, drummer Benny Benjamin en bassist James Jamerson, ook wel Funk Brothers genoemd.

Stax

Hoewel Motown altijd zeer populair onder de zwarte bevolking is gebleven, is Gordy (vreemd genoeg vooral door blanke soulpuristen) er vaak van beschuldigd een artistieke uitverkoop te hebben gehouden, door zijn artiesten al te veel te kneden naar de wensen van de blanke popconsument.

Motown zou geen echte soul zijn, in tegenstelling tot de muziek die uit het zuiden van de Verenigde Staten komt van artiesten als Otis Redding, Aretha Franklin, Sam and Dave en Wilson Pickett.

Het belangrijkste 'zuidelijke' label is Stax in Memphis, en hoewel de zangers en zangeressen van Stax zwart waren, bleken zij die verantwoordelijk zijn voor wat later de Stax-sound is gaan heten, vooral blank.

Net als Motown heeft ook Stax (in 1960 opgericht door Jim Stewart en zijn oudere zus Estelle Axton) een huisband: Booker T and the MG's. Maar anders dan in Detroit is deze band wel gemengd, met naast de zwarte Booker T (orgel) en Al Jackson (drums) de blanke Steve Cropper en Donald 'Duck' Dunn op respectievelijk gitaar en basgitaar.

Ook Stax heeft zijn eigen studio, Soulsville, gedoopt tegenover het Hitsville van Motown. Ook in Memphis wordt met vaste songschrijvers gewerkt: David Porter en Isaac Hayes.

Stax is niet het enige r&b-label in het zuiden van de VS, maar ze hebben wel als voordeel dat het grote Atlantic uit New York hun platen landelijk wil distribueren. Atlantic-baas Jerry Wexler is in 1960 zo gecharmeerd van het liedje 'Cause I Love You' dat de dj Rufus Thomas met zijn dochter Carla heeft opgenomen, dat hij met Stax een landelijke *license deal* aangaat.

Wexler had tot die tijd met zijn Atlantic een goed deel van de zwarte muziekmarkt stevig in handen. Hij had flink gescoord met Ray Charles, The Drifters en Ben E. King. Maar met het tekenen van Solomon Burke bij Atlantic verandert het oude soulgeluid. Waar The Drifters vooral zachtmoedig klonken, zingt Burke veel rauwer, en zijn geluid blijkt symptomatisch voor de soul zoals die in het zuiden van de VS gezongen wordt. Het *southern soul*-geluid is veel meer door gospel beïnvloed dan de meer popgeoriënteerde New Yorkse soul. Hij is zich terdege bewust dat hier in het zuiden het geluid van de toekomst wordt gemaakt, en gaat er dus op zoek naar kleine labels met de bedoeling hun platen landelijk te gaan distribueren.

Dat vooral Stax vereenzelvigd wordt met southern soul is dus niet zo verwonderlijk want artiesten van dit label als William Bell, Eddie Floyd, Rufus en Carla Thomas, Booker T and the MG's en vooral Otis Redding zouden landelijke en daarna internationale bekendheid krijgen.

Maar in Alabama bestaat er ook nog zoiets als de FAME-studio's in

Muscle Shoals, en het is hier waar naast Otis Redding dat andere soul-fenomeen, Aretha Franklin, haar eerste en beste werk voor Atlantic gaat opnemen.

Wexler contracteert haar in 1967, nadat ze door concurrent Columbia is gedumpt. Aanvankelijk denkt Wexler dat het een ideale zangeres voor Stax is, maar het loopt niet meer zo lekker tussen Stax en Wexler. Zo wijst Stewart hem een keer de deur als hij met Wilson Pickett in de Stax-studio wil opnemen. Noodgedwongen wijkt Wexler uit naar Muscle Shoals, waar Pickett met 'Land of 1000 Dances' en 'Mustang Sally' een paar van zijn grootste hits zou opnemen.

Het is logisch dat Wexler daarop besluit Aretha Franklin eveneens in Alabama te laten debuteren voor zijn eigen Atlantic. Hier neemt ze in 1967 haar misschien wel mooiste nummer op, 'I Never Loved a Man (the Way I Love You)', maar de rest van het gelijknamige debuutalbum wordt uiteindelijk in New York opgenomen.

Is Aretha Franklins succes vooral op conto van Wexler te schrijven, zijn andere protegés Sam and Dave worden wel door Stax geholpen. Hoewel onder contract bij Atlantic leent Wexler het duo aan Stax uit, die hen aan het juiste repertoire moet helpen.

De reeks hits die Sam and Dave tussen 1966 en 1968 opnemen ('You Don't Know Like I Know', 'Hold On I'm Comin'' en 'Soul Man') is voor het grootste deel afkomstig van Stax-songschrijvers David Porter en Isaac Hayes. Het functioneert in dat opzicht in Memphis nauwelijks anders dan in Detroit. Maar de grootste en meest eigengereide zanger uit de Stax-stal is toch Otis Redding. Tussen 1963 ('These Arms of Mine') en zijn postuum in 1968 uitgebrachte 'Sittin' on the Dock of the Bay' zal hij een reeks singles uitbrengen die ook buiten de r&b-charts succesvol worden: 'Mr. Pitiful', 'Respect' en 'Try a Little Tenderness'. Redding zingt rauwer en emotioneler dan zijn collega's uit Detroit en heeft ook nog eens een enorm charisma.

Dat hij in 1967 door de organisatie van het Monterey Pop Festival, toch in de eerste plaats een rockfestival, wordt uitgenodigd is dan ook niet zo gek: hier is eindelijk een zwarte popster die, in de ogen van de blanke organisatie, anders dan de meeste Motown-sterren wel authentiek zwart klinkt.

Met Redding willen ze wel goede sier maken, wat ook gebeurt. Dankzij zijn vanuit de tenen gezongen performance daar, breekt Redding als eerste soulzanger door bij een publiek dat tot dan toe eigenlijk vooral naar rockmuziek luistert. Otis Redding wordt de soulzanger 'which was okay to like' onder rockliefhebbers. Maar erg lang heeft hij er niet van mogen profiteren.

Op 10 december 1967, nog geen vier maanden na Monterey, verongelukt zijn vliegtuig, waarin verder onder meer zijn begeleidingsband The Bar-Kays zitten. Het begin 1968 uitgebrachte 'Sittin' on the Dock of the Bay' wordt wereldwijd een enorme hit, en vanaf dat moment is soul niet meer weg te denken uit de popcultuur.

Zowel Motown als Stax heeft elk op zijn eigen wijze soul naar een groot poppubliek gebracht, maar beide labels moeten de komende jaren hun werkwijze drastisch gaan wijzigen. Berry Gordy voelt heel handig aan dat eind jaren zestig het publiek graag artiesten hun eigen werk hoort zingen, en hij zou met Stevie Wonder en Marvin Gaye aansluiting vinden bij de wensen van het (steeds volwassener wordende) poppubliek.

Stax krijgt het veel moeilijker. Het heeft eigenlijk geen antwoord op de plotselinge dood van Otis Redding. De Stax-stal zou, ook door veel contractueel gedoe vanwege de overname van Atlantic door Warner, langzaam uiteenvallen. De boel wordt door Jim Stewart uiteindelijk van de hand gedaan, en hoewel nieuwe baas Al Bell nog scoort met Johnnie Taylor en The Staple Singers, zijn de gloriedagen voorbij.

Maar wie – zo blijft altijd de vraag – levert nu echte soulmuziek, Stax of Motown? 'What Is Soul?', om maar eens een hitsucces van Ben E. King aan te halen.

Beide natuurlijk. Zij die vinden dat echte soul zwart moet zijn, zweren bij Stax en andere labels uit het zuiden van de VS. Alleen zijn juist zwarte en blanke muzikanten daar wél geïntegreerd. Motown, dat door hen blanke 'kapitalistische' neigingen worden toegedicht, is daarentegen door alle lagen heen een zwart bedrijf.

Aan de hele vraagstelling liggen dus vreemde misvattingen ten grondslag. Maar in 1968 zou alles anders worden. De moord op Martin Luther King in Memphis op 4 april zet de relatie tussen blank en zwart op scherp, en verandert de popmuziek opnieuw ingrijpend.

17 James Brown: Say It Loud, I'm Black And I'm Proud

Wat zou er gebeurd zijn wanneer James Browns optreden in Boston een dag na de moord op King niet op tv was uitgezonden? Vast staat dat in die steden waar zijn concert te zien is die vrijdagavond, het aantal rellen tot een minimum beperkt blijft terwijl het elders goed uit de hand loopt.

De moord op King blijkt voor veel zwarten de spreekwoordelijke druppel, en het is James Brown die uiteindelijk de boel enigszins tot rust weet te krijgen.

Brown begint zijn show met een oproep aan de kijkers zichzelf niet te verliezen in geweld, want dat zou geheel in tegenspraak zijn met de opvattingen van Dr. King. Het werkt.

Hoewel Brown natuurlijk zelf met een titel als 'Say It Loud, I'm Black and I'm Proud', een single van later dat jaar, de suggestie wekt zeer politiek betrokken te zijn, is dat allerminst het geval. Tot zijn afgrijzen probeert de militante zwarte Black Power-beweging hem voor hun karretje te spannen. Maar zelf heeft hij het nooit over *black power* maar over *black pride*. Hij wil geen macht, maar wel de trots over zijn afkomst benadrukken.

Die trots is terecht. Want Brown, die op 3 mei 1933 in bittere armoede te Barnwell, South Carolina wordt geboren, is niet zozeer betrokken bij, als wel grondlegger van zo ongeveer iedere stroming binnen de zwarte muziek sinds de jaren vijftig. Hij continueert de transformatie van religieuze gospelmuziek tot seculiere soulmuziek, die in de jaren vijftig door Ray Charles en Sam Cooke in gang was gezet. Hij is in de jaren zestig grondlegger van de funk, en zijn vele producties, ook voor zijn bandleden, zouden vanaf het eind van de jaren zeventig de instrumentale basis vormen voor hiphop.

In 1956 scoort hij met zijn band The Flames, voor het kleine Federal-label zijn eerste hit, 'Please, Please, Please', een smachtende ballade die nog tot het allerlaatst op zijn liverepertoire zou staan. Het lukt Brown aanvankelijk niet deze hit een gepast gevolg te geven. De popmuziek heeft met de opkomst van de rock-'n-roll in die jaren een omwenteling doorstaan en het kost Brown een paar jaar daar met zijn platen aansluiting bij te vinden. Wel legt hij zich met succes al vroeg toe op het perfectioneren van zijn liveperformances. Met muzikanten die hij met een wonderbaarlijke intuïtie weet te rekruteren en aan wie hij als ongeschoold muzikant feilloos weet duidelijk te maken hoe ze de muziek die hij in zijn hoofd heeft dienen uit te voeren, toert hij als een bezetene door de Verenigde Staten.

Berucht zijn de verhalen over de boetes die hij bandleden oplegt wanneer ze een noot missen of, voor Brown minstens zo erg, hun schoenen niet goed gepoetst hebben. Maar hoe goed Brown met zijn Flames in 1962 klinkt, bewijst nog altijd het album *Live at the Apollo*, algemeen erkend als misschien wel de beste liveplaat aller tijden. Ongemeen rauw, extatisch en opwindend gooit Brown er alle remmen op los. De plaat wordt bij verschijnen in 1963 al een hit en geldt nog altijd als ijkpunt in de soulgeschiedenis.

Minstens zo legendarisch zijn de tv-opnamen die in 1964 worden gemaakt van *The* TAMI *Show*, waar behalve James Brown ook The Rolling Stones worden opgenomen. James Brown geeft er dansles aan Mick Jagger. Klassiek zijn inmiddels de beelden van James Brown die aan het slot van 'Please, Please, Please' zijn stukje theater opvoert door instorting te veinzen wanneer Bobby Bird en andere bandleden hem een cape omhangen en hem keer op keer vergeefs bewegen van het podium te gaan.

Maar in het hoofd van Brown klinkt inmiddels muziek door die los komt te staan van de oude gospel- en bluesgeoriënteerde soulmuziek. De nadruk zou minder op melodie en meer op ritme komen te liggen en het in 1965 uitgebrachte 'Papa's Got a Brand New Bag' is Browns eerste proeve van een nieuwe muziekstijl, funk.

Steeds belangrijker in Browns muziek worden de bandleden, en met name de ritmesecties. In de late jaren zestig zou Brown met blazers Maceo Parker (tenorsaxofoon) en Fred Wesley (trombone), drummers John 'Jabo' Starks en Clyde Stubblefield, en bassist William 'Bootsy' Collins zijn klassiek geworden funkwerk opnemen. 'Cold Sweat', 'Funky Drummer' en 'Get Up (I Feel like Being a) Sex Machine' zijn nog altijd grote dansvloerhits, en zouden in de jaren tachtig van James Brown de meest gesamplede artiest aller tijden maken.

Van de bijnamen die hij zichzelf geeft – waarvan *Mr. Dynamite, Mr. Superbad, The Godfather of Soul* en *The Forefather of Hiphop* een kleine bloemlezing vormen – is *The Hardest Working Man in Show Business* misschien wel de meest toepasselijke. Tot aan zijn dood, op eerste kerstdag 2006, zou Brown blijven optreden. En zijn invloed op de popmuziek is een nooit aflatende geweest.

18 Van Monterey naar Woodstock: begin van het hippietijdperk

De moord op Martin Luther King en vooral de talloze rellen die die teweegbrengt, is al een signaal dat de tijden van flowerpower en de *summer of love*, zoals de zomer van 1967 wordt aangeduid, definitief voorbij zijn. Maar misschien is het Woodstock dat weer even zand in de ogen strooit. Even lijkt in elk geval – in augustus 1969 – bewezen dat een half miljoen mensen in het gras luisterend naar rockmuziek ook een vreedzaam gebeuren kan zijn.

Precies zoals John Phillips, uit de Californische zanggroep The Mama's & the Papa's, het twee jaar eerder voor ogen had toen hij Monterey Pop Festival mede hielp organiseren.

Het moment voor dit eerste grote internationale popfestival, met naast Amerikaanse ook Britse rockgroepen, is juist gekozen. In San Francisco waar al een paar jaar veel hippiebijeenkomsten worden opgeluisterd door livemuziek heeft zich een muzikantenscene rond het kruispunt van de straten Haight en Ashbury gevormd.

De muziek van The Grateful Dead en Jefferson Airplane en vooral het openlijke gebruik van lsd heeft velen naar San Francisco gelokt. De popmuziek is onder invloed van drugs ook hoorbaar veranderd, complexer met langer uitgesponnen stukken, en minder gejaagd. Psychedelisch zou de muziek gaan heten zoals die bijvoorbeeld wordt gemaakt door The Beatles op *Revolver* in 1966. John Lennons 'Tomorrow Never Knows' neemt met tape-loops en gelaagde stemmen al een voorschot op het op 1 juni 1967, bijna drie weken voor Monterey, verschenen *Sgt. Pepper's Lonely Hearts Club Band*. Een plaat die algemeen wordt beschouwd als eerste echte concept-lp, en als een van de eerste psychedelische rockmeesterwerken.

Alleen, The Beatles treden niet meer op, die zijn in 1967 een studioband bij uitstek geworden, met producer George Martin als vijfde groepslid, en de studio als diens instrument.

Maar er zijn inmiddels genoeg andere nieuwe rockbands ontstaan wier drugsgebruik een nieuwe dimensie aan rock-'n-roll heeft gegeven: The Byrds, en later The Doors en Love uit Los Angeles en The Grateful Dead, Jefferson Airplane en Big Brother and the Holding Company, die deel uitmaken van de San Francisco-scene.

De met rock-'n-roll en beat opgegroeide tieners worden langzaamaan volwassen, en willen ook steeds meer af van het tienerimago dat popmuziek aankleeft.

De babyboomers willen zich echter wel buiten de maatschappij plaatsen. Ze zijn tegen de oorlog in Vietnam, voor drugs en vrije liefde en hebben popmuziek aangegrepen als het middel om zich van de gevestigde orde te onderscheiden.

Het Monterey Festival zou hen allemaal bij elkaar brengen, met muziek van de beste rockbands denkbaar: The Grateful Dead, Jefferson Airplane, The Who, Otis Redding en als klap op de vuurpijl Jimi Hendrix.

Het fenomeen popfestival is geboren in die zomer van 1967, ook wel aangeduid als *summer of love*. En het beleeft zijn top in augustus 1969 in Woodstock, of beter gezegd het plaatsje Bethel, waar de organisatie naar moet uitwijken als naar schatting 400.000 mensen bijeenkomen voor 'Three Days of Peace and Music'. Ondanks alle regen, het gebrek aan vers water en voedsel wordt het een immens succes. Net als op Monterey treden Janis Joplin, Jimi Hendrix en The Who weer op. Tevens betekent het festival de doorbraak van Santana. Sly & the Family Stone moeten 's nachts om vier uur laten zien dat zij, zoals Otis Redding twee jaar eerder op Monterey, de uitverkoren zwarte muzikanten zijn die een brug tussen blanke rock en zwarte soul kunnen slaan.

Dat lukt op Woodstock. Vooral de registraties daarvan op film en plaat zouden de wereldwijde doorbraak van de funk van Sly & the Family Stone inluiden. En Woodstock heeft aangetoond hoe vreedzaam een paar honderdduizend muziekliefhebbers een paar dagen met elkaar en hun muziek kunnen samenleven.

19 Altamont, het einde van het hippietijdperk

De euforie is van korte duur en achteraf misschien ook wat misplaatst. De maatschappij is voor hen die het zich niet kunnen permitteren de hele dag stoned te zijn, stilaan aan het verharden. Niet alle bijeenkomsten, of *love-ins*, verlopen in San Francisco even vredig, want de stad heeft sinds de summer of love heel wat fortuinzoekers en klaplopers te verwerken die allemaal denken dat er wat voor hen te halen valt.

En hoe aardig het idee van The Grateful Dead ook is om bij een van hun openluchtconcerten in het Golden Gatepark de hippies te trakteren op een speciaal concert van The Rolling Stones, zodra de overheid er lucht van krijgt (de Stones maken het zelf bekend), verbieden ze de show.

De organisatie wijkt daarop uit naar de motorbaan van Altamont, waar op 6 december definitief een einde komt aan de illusies van een vreedzame maatschappij gedreven door rockmuziek en drugs.

De door The Rolling Stones als beveiliging ingehuurde Hell's Angels zijn al de hele dag zeer nadrukkelijk aanwezig, en de spanningen tussen hen en de muziekfans lopen, wanneer de Stones veel te laat op het podium verschijnen, hoog op. Een achttienjarige zwarte bezoeker die met een pistool zou hebben gezwaaid, wordt voor het oog van de Stones doodgestoken.

Het is hier dat het hippietijdperk van *peace, love and understanding*, zoals de *sixties* ook wel werden genoemd, definitief ten einde loopt. In elk geval is het even gedaan met het goedbedoelde idee van gratis popfestivals.

Althans in Amerika. In Europa, waar de organisatie door echte professionals wordt gedaan, zouden popfestivals tot de dag van vandaag met groot succes worden georganiseerd. Het grootst zijn de Britse festivals op Isle of Wight, die met een half miljoen bezoekers in 1970 vooral legendarisch worden omdat Jimi Hendrix er zijn laatste optreden zou geven.

Maar ook tot inmiddels als instituut uitgegroeide festivals als Glastonbury en in Nederland Pinkpop ontstaan in dezelfde tijd.

Zo heeft Nederland zich niet uit het veld laten slaan door Altamont en wordt in juni 1970 in Kralingen het driedaagse Holland Pop Festival gehouden met onder meer Soft Machine, Pink Floyd en Jefferson Airplane. Ook Pinkpop beleeft, dan nog in Geleen, dat jaar zijn eerste editie.

20 Psychedelica buiten San Francisco

Los Angeles

Altamont heeft definitief een einde gemaakt aan de naïeve hippe en flowerpowergedachte dat het allemaal wel goed zou komen door met z'n allen high naar popmuziek te luisteren. Een beeld dat overigens nogal eens vertekend is door de musical *Hair* en het liedje 'San Francisco', dat John Phillips schrijft voor Scott McKenzie als soort van reclame voor zijn Monterey Festival. 'If you're going to San Francisco, be sure to wear some flowers in your hair...' Het wordt een wereldhit, maar net als *Hair* waarin de hippiecultuur ook wordt bejubeld, gehaat door de 'serieuze' muziekpers.

De vermeende muzikale suprematie van San Francisco wordt door die pers overigens ook al snel in twijfel getrokken, en achteraf terecht. The Grateful Dead, Jefferson Airplane en Janis Joplin (eerst nog in de band Big Brother and the Holding Company) komen er weliswaar vandaan, maar in Los Angeles ontstaat midden jaren zestig een scene die voor de ontwikkeling van de rockmuziek minstens zo belangrijk zou worden. Het levert ook de Britse psychedelicabands en -artiesten op, waar tot op de dag van vandaag meer mensen naar luisteren dan naar The Grateful Dead.

In Los Angeles zetelen behalve The Beach Boys – met een Brian Wilson die eind jaren zestig vergeefs tracht zijn eigen psychedelische meesterwerk *Smile* te voltooien – ook The Byrds en Buffalo Springfield. The Byrds hadden in 1966 al hun bijdrage aan de psychedelische rock geleverd met *Eight Miles High*, dat in 1976 gevolgd wordt door het prachtige album *Younger Than Yesterday*. David Crosby houdt het daarna echter niet langer uit in de band en zoekt contact met Stephen Stills en Graham Nash, die uit de Britse Hollies is gestapt om in Californië zijn geluk te beproeven. Stills had met Buffalo Springfield (waarin ook Neil Young zat) in 1967 al een hit gehad met 'For What It's Worth'. Crosby, Stills & Nash wordt in 1970 een van de eerste zogeheten supergroepen.

Uit LA komen ook The Doors en Love. Love, met de flegmatieke zanger Arthur Lee (overleden in 2006), zou altijd een cultband blijven, maar vooral hun album *Forever Changes* van eind 1967 geldt inmiddels als een hoogtepunt in de rockgeschiedenis. Het orkestrale geluid, de intense soulvolle stem van Lee, en de meeslepende composities klinken veel pakkender dan wat er bijvoorbeeld door The Grateful Dead op plaat wordt gezet. Maar Love wordt altijd overschaduwd door The Doors. Het is nota bene Lee zelf die de band onder de aandacht brengt van zijn platenbaas, Elektra's Jac Holzman. Maar vanaf de eerste hitsingle 'Light My Fire', ook uit 1967, is het duidelijk dat niet alleen de sterk op blues leunende muziek maar de charismatische uitstraling van zanger Jim Morrison een veel groter publiek zou bereiken dan Love.

Morrisons seksualiteit op het podium, gekoppeld aan zijn ambities ook als dichter serieus genomen te worden (met zijn alter ego The Lizard King), maken hem voor velen aantrekkelijk. En dan is er natuurlijk nog de muziek: donkerder rock-'n-roll met het altijd naar voren gemixte orgel van Ray Manzarek. Totdat Morrison in 1971 in merkwaardige omstandigheden in Parijs overlijdt zou de band vele hits scoren ('Hello I Love You', 'Touch Me' en 'Riders on the Storm'). Maar hoewel altijd geassocieerd met het hippietijdperk zingt Morrison al op de eerste Doors-lp over de zelfkant. Het nummer 'The End' is nog altijd moeilijk te plaatsen tussen al die vrolijkheid en bloemenmuziek.

Londen

Ook Londen heeft zijn eigen tegencultuur in de jaren zestig. Al klinkt er, anders dan in de VS, geen protest in door. De Britse jeugd gaat het eigenlijk wel goed, ze hebben geen Vietnam en weinig rassenproblemen (althans minder zichtbaar).

Maar ook hier doet eind jaren zestig lsd zijn intrede, en ontstaat er in Londen stilaan een behoorlijk bloeiende psychedelische undergroundcultuur. Er worden avonden georganiseerd, UFO gedoopt, waar in veel psychedelisch gekleurd licht bands als Pink Floyd en Soft Machine naam maken.

Vooral Pink Floyd is het huisorkest op veel feesten die van het Swinging Londen een psychedelisch Londen zouden maken. Pink Floyds leider en gitarist in die dagen is Syd Barrett, die zijn band met ellenlange improvisaties en *noise*-experimenten steeds dieper de psychedelica in voert. Pink Floyd weet echter met 'gewone' liedjes als 'Arnold Layne' en 'See Emily Play' ook op de radio te komen en hitsingles te maken.

De groep wordt algemeen beschouwd als boegbeeld van de Britse psychedelica. John Lennon bezoekt hun optredens op psychedelische feesten en Paul McCartney is in 1967 aanwezig bij de opnamen van Pink Floyds debuutalbum *The Piper at the Gates of Dawn*.

Ook internationaal oogst de groep successen. Alleen Syd Barrett blijkt het allemaal wat te veel te worden. Wellicht als gevolg van overmatig lsd-gebruik wordt hij een onstabiele factor in de band, en hij kan op den duur ook nauwelijks meer spelen. Zijn jeugdvriend David Gilmour wordt erbij gehaald om de door hem gemaakte fouten te corrigeren, en Gilmour vervangt hem uiteindelijk definitief.

Barrett leeft vanaf dat moment als een kluizenaar, al zou hij nog wel een paar soloplaten uitbrengen. Contact met de buitenwereld heeft hij al jaren niet meer, wanneer hij in 2006 overlijdt.

Met Pink Floyd zou het zonder Barrett maar met Roger Waters en David Gilmour in een strijd om het geestelijk leiderschap van de band nog wel goed komen, zoals we verderop zullen zien.

Een andere band die hevig met de Londense psychedelica geassocieerd wordt, is Soft Machine. De band met onder anderen Kevin Ayers en Robert Wyatt in de gelederen is sterk beïnvloed door de *free jazz* van John Coltrane. Anders dan Pink Floyd heeft Soft Machine geen hits, en wordt de band ook minder succesvol. Maar met hun experimenteerdrift en de ambitie rock en avant-gardejazz te doen versmelten, zijn ze wel zeer invloedrijk. Hun platen zouden later van grote invloed blijken te zijn op Britse progressieve rockmuzikanten (de *Canterbury-scene* of Britse *progrock* geheten).

Maar het succes van Soft Machine en zelfs dat van Pink Floyd is eind jaren zestig ook in Groot-Brittannië relatief wanneer je het afzet tegen dat van The Beatles, de Stones en Jimi Hendrix. Allemaal werden ze door psychedelica aangeraakt, en verwerkten ze die invloeden in muziek en uiterlijk.

Ook is er nog de in 1966 opgerichte eerste Britse 'supergroep' Cream. Dit trio met Eric Clapton (hij komt uit de eveneens zeer succesvolle Bluesbreakers en speelt vervolgens in The Yardbirds), en bassist Jack Bruce, die net als drummer Ginger Baker in talloze Britse bluesbands furore heeft gemaakt, legt vooral de nadruk op virtuositeit en instrumentbeheersing.

Clapton, toen al beschouwd als iets wat we later 'gitaargod' zijn gaan noemen, deinst er niet voor terug in lange solo's zijn kwaliteiten tentoon te spreiden, terwijl ook Bruce en Baker volop ruimte krijgen om te soleren.

Waar The Beatles bijvoorbeeld zich steeds wilden verbeteren in het songschrijven en het gebruik van snel verbeterde studiotechnieken, wil Cream vooral laten zien dat sublieme instrumentbeheersing ook in verbluffende popmuziek kan resulteren. Concurrentie is er eigenlijk alleen van The Jimi Hendrix Experience. Hendrix is de betere gitarist, maar Cream als popgroep is beter op elkaar ingespeeld. Hoe dan ook, Clapton doekt de band na drie platen eind 1968 op, en zou in de jaren zeventig en tachtig uitgroeien tot een uiterst succesvol soloartiest.

21 I'm Not There

Waar is Bob Dylan eigenlijk? Tot 1966 was hij alom aanwezig geweest in de rock-'n-roll. Maar wanneer in 1967 de ontwikkelingen in de popmuziek een enorme vlucht nemen, geeft Dylan niet thuis.

Hij grijpt in 1966 een klein ongelukje met de motor in Woodstock aan om eindelijk bij te komen van alle vermoeienissen die horen bij het sterrendom. Een paar jaar wordt er niets van hem vernomen. Waar je van iemand als Dylan, die de tijdgeest altijd zo knap kon verwoorden dan wel bekritiseren, toch enig commentaar zou verwachten op de summer of love, psychedelica, *Sgt. Pepper's Lonely Hearts Club Band*, Vietnam en Monterey, blijft het stil daar *upstate* New York.

Later zou blijken dat Dylan in die tijd met een stel muzikantenvrienden in een roze geschilderd huis nabij Woodstock lekker voor zichzelf muziek is gaan maken. Talloze oude traditionals en enkele nieuwe liedjes, die volledig losstonden van de actualiteit, neemt hij er op. Slechts een klein deel ervan zou in 1975 pas het licht zien als *The Basement Tapes*. Het mooiste liedje uit de sessies, 'I'm Not There', verschijnt in 2007 pas officieel op de soundtrack van de gelijknamige film.

Maar die muzikantenvrienden, die hem al op zijn roemruchte elektrische tournees hebben begeleid, leggen in dat huis wel de basis voor de debuutplaat die in 1968 als *Music from Big Pink* zou verschijnen. Ze heten nu The Band, en de groep ontwikkelt zich tot een van de beste, meest originele rockbands van Amerika. Vooral het gegeven dat, op songschrijver en gitarist Robbie Robertson na, alle bandleden uitstekend kunnen zingen, met stemmen die elkaar aanvullen, maakt hun muziek zo bijzonder. Op die eerste Band-lp staat onder meer een nieuw Dylan-nummer, 'I Shall Be Released'. Bevrijd van wat precies, is nooit helemaal duidelijk geworden. Wel brengt Dylan begin 1967 eindelijk zelf een plaat uit (*John Wesley Harding*) waar evenmin toespelingen te vinden zijn op die toch turbulente jaren uit de Amerikaanse geschiedenis. De Dylan van na zijn 'motorongeluk' is nooit meer dezelfde als daarvoor. Na een aantal wisselvallige tot belabberde platen zou hij pas in 1975 alle twijfels weten weg te nemen met *Blood on the Tracks*. Een plaat vol bittere liefdesliedjes, ingegeven door het op de klippen lopen van zijn huwelijk.

22 Frank Zappa en Captain Beefheart

Het meest bijtende commentaar op de hippiecultus en flowerpower komt niet uit New York maar uit Los Angeles. Zanger, componist, gitarist en arrangeur Frank Zappa had in 1966 met zijn band The Mothers Of Invention al naam gemaakt met *Freak Out!*, officieel de eerste dubbel-lp uit de rockgeschiedenis. Zappa, een idiosyncraat bij uitstek, schiet met zijn Mothers door alle muziekstijlen heen, van doo-wop tot hardrock en van soul tot vaudeville. Filmscores, klassieke muziekthema's en jazz, alles hoor je terug in Zappa's wonderlijke complexe muziek, en dan zijn er nog zijn sarcastische teksten.

Op de derde plaat van de Mothers, *We're Only in It for the Money* uit 1968, neemt hij de hippiecultus van die zomer op een niet mis te verstane wijze op de korrel. Wie de klaphoes openslaat ziet meteen al een parodie op de beroemde *Sgt. Pepper's*-hoes van Peter Blake en in veel liedjes trekt Zappa de goede bedoelingen van al die gelukszoekers in San Francisco in twijfel. Egoïsme en hebzucht zijn ook hier volgens hem weer de belangrijkste drijfveren, en van de utopische gedachten over een betere samenleving door drugs en muziek moet hij evenmin iets hebben.

Frank Zappa zou met zijn Mothers of Invention in wisselende bezetting en als soloartiest blijven verbazen met knappe, soms zeer ingewikkelde maar altijd prikkelende muziek. Balancerend tussen rock, klassiek en jazz, drie disciplines waar hij uitstekend in thuis is. Zijn kracht zit 'm er – vooral op het podium – in dat hij zich weet te omringen met de beste musici, die hij vervolgens dwingt iets te doen wat ze nog niet eerder gedaan hebben. Zo blijven zijn liveshows altijd spannend, en zonder al te lollig te willen doen ook vaak zeer geestig.

Maar Zappa is eind jaren zestig ook actief als labelbaas van platenmaatschappij Straight, en in die hoedanigheid geeft hij een oude schoolvriend van hem, Don Van Vliet, de gelegenheid om met Zappa zelf als producer een plaat op te nemen. Dit *Trout Mask Replica*, een dubbel-lp met 28 stukken die uiteenlopen van country-blues tot free jazz en avant-garde-rock, geldt nog altijd als een van de meest ongrijpbare meesterwerken uit de popgeschiedenis. Het blijkt aanvankelijk echter een commercieel fiasco.

Zappa en Captain Beefheart, zoals Van Vliets artiestennaam luidt, hebben al sinds de middelbare school het idee om samen iets in de muziek te gaan doen. Maar beiden blijken te eigenwijs voor een echte samenwerking. Beefheart heeft in het roemruchte jaar 1967 in beperkte kring al naam gemaakt met de fraaie acid-rockplaat *Safe as* Milk, maar na twee minder geslaagde opvolgers krijgt hij onder Zappa opnieuw een kans.

Het floppen van *Trout Mask Replica*, die pas jaren later op waarde zou worden geschat, verbetert niet bepaald de samenwerking tussen beide mannen. Van Vliet zou nog op Zappa's *Hot Rats* (1969) en *Bongo Fury* (1975) te horen zijn maar tot een serieuze samenwerking tussen deze twee grootmeesters in de avant-garde van de rockmuziek komt het niet meer.

23 Een tegengeluid

Terwijl Dylan zich vooral afzijdig houdt komt er elders uit New York wel degelijk een geluid naar boven dat in niets lijkt op de muziek die nog altijd met sixties en flowerpower geassocieerd wordt. Waar vanuit de Westkust de geneugten van drugsgebruik bejubeld worden, en de muziek vrolijk, kleurrijk en optimistisch klinkt, werken Lou Reed en John Cale samen aan muziek die daar precies het tegenovergestelde van is.

De New Yorker Reed richt in 1965 met de in Wales geboren John Cale The Velvet Underground op. Reed speelt gitaar en schrijft de meeste teksten. De klassiek geschoolde Cale speelt in New York samen met La Monte Young in het avant-gardistische muziekgezelschap Dream Syndicate, en bekwaamt zich in The Velvet Underground op bas, toetsen en viool. Tweede gitaar wordt gespeeld door Sterling Morrison en het rudimentaire drumwerk is van Maureen Tucker.

Van meet af aan lijkt The Velvet Underground helemaal niet op wat er hip is binnen de popmuziek. Reed gebruikt zijn literatuurstudie aan de universiteit van Syracuse voor zijn teksten, waarin het zoeken naar extremen centraal staat. Seksuele taboes als sm, drugsverslaving, zelfmoord en het leven in de grote stad dat tot waanzin kan drijven, zijn enkele onderwerpen. Samen met de vervreemdende muziek, die een mengeling is van klassieke avant-garde, free-jazzimprovisaties en rock-'n-roll, levert dit pop op die nu eens niet wil behagen, maar juist angstaanjagend is.

Beeldend kunstenaar Andy Warhol ziet de groep al in 1965 in Greenwich Village en weet meteen dat dit de band is die hem zelf ingang zou kunnen verschaffen in de popmuziek. Getroffen door de originaliteit van de groep begint hij zich over hen te ontfermen. Hij laat ze deel uitmaken van zijn rondreizende show, Exploding Plastic Inevitable, en gebruikt zijn connecties uiteindelijk om de band onder contract te krijgen bij Verve Records.

Bovendien komt Warhol met het briljante idee Nico – de bloedmooie actrice uit zijn gevolg – aan de band te koppelen. De Duitse, als Christina Päffgen geboren Nico blijkt met haar zwoele accent en haar verleidelijke stem precies de juiste persoon om invulling te geven aan Reeds, overigens verraderlijk, lieflijke songschrijverschap. Hoewel Warhol groot als producer op de lp *The Velvet Underground & Nico* staat vermeld, blijft zijn inbreng beperkt tot het aandragen van Nico en het ontwerpen van de hoes (wit met een gele, afpelbare banaan, waaronder een roze fallusachtige vrucht tevoorschijn komt.)

Hoewel het ook in het geval van het Velvet Underground-debuut lang zal duren voordat de plaat werkelijk op waarde wordt geschat, geldt *The Velvet Underground & Nico* als een van de beste platen uit de pophistorie. Juist de combinatie van de repeterende als een gesel klinkende gitaren, de gortdroge voordracht van Reed, het pijnlijke krassen van Cales viool met de onheilspellende teksten en Nico's mysterieuze zang maakt de plaat uniek.

'Heroin', 'Femme Fatale' en 'Venus in Furs' zijn inmiddels rockklassiekers geworden, maar de platenmaatschappij weet aanvankelijk in het geheel niet wat ze ermee aanmoet. De muziek komt nauwelijks overeen met wat er in 1966 voor rock doorgaat en met de teksten waarin expliciet over het genot van harddrugs en sadomasochisme wordt gesproken kunnen ze bij Verve ook al niets.

De plaat blijft bijna een jaar op de plank liggen, en verschijnt uiteindelijk een paar maanden voor *Sgt. Pepper's Lonely Hearts Club Band*. Het zou deze plaat van The Beatles zijn waar alle andere rockmuziek vanaf dat moment aan gespiegeld wordt. In die tijd van veelkleurige psychedelica is even geen ruimte voor de gitzwarte romantiek die Reed voorstaat.

Hoewel de plaat lijkt te floppen, zou 'de banaan', zoals het Velvet Underground-debuut meestal wordt genoemd, buitengewoon invloedrijk blijken. Het duurt echter wel even. Warhol trekt zijn handen van de groep af, en de band gaat zonder Nico verder met het album *White Light/White Heat*, dat nog veel compromislozer en extremer klinkt dan het debuut. De zeventien minuten durende eruptie van gitaargeweld in 'Sister Ray' is nog altijd onovertroffen in meedogenloosheid met de luisteraar.

Cale houdt het nadien echter voor gezien. Zonder hem verschijnt het zachtmoedig klinkende *The Velvet Underground*. Liedjes zijn ineens lieflijk, klein en zelfs ontroerend zoals 'Candy Says' en 'Pale Blue Eyes'.

Reed ontwikkelt zich als songschrijver, en blijkt zelfs in staat tot het componeren van radiovriendelijke muziek. Zijn 'Sweet Jane' en 'Rock-'n-Roll' luiden in 1969 een nieuwe fase in, waarin The Velvet Underground aansluiting lijkt te vinden bij de mainstreamrockbands.

Maar voordat de plaat *Loaded* met deze nummers in 1970 zou verschijnen is ook Reed uit The Velvet Underground gestapt. Hij begint, net als John Cale eerder, een tot op de dag van vandaag voortdurende loopbaan als soloartiest. Op zijn repertoire bij optredens prijken nog altijd nummers uit zijn dagen bij The Velvet Underground.

24 Iggy Pop als eerste punkmuzikant

Niet alleen in New York wordt muziek gemaakt die haaks staat op de utopische gedachten zoals die in de popmuziek eind jaren zestig zo nadrukkelijk doorklinken. Ook in Detroit timmert een band aan de weg die in alles de tegenpool is van de gelukzalige hippies.

The Stooges, geleid door de wildeman Iggy Pop (geboren James Osterberg), zijn de vleesgeworden negatie van het optimisme in de jaren zestig. Met volstrekt nihilistische muziek – 'Well it's 1969 OK / All across the USA / It's another year for me and you / Another year with nothing to do' – sneert Pop in '1969' op het titelloze Stooges-debuut.

De muziek is hard, opzwepend en rauw, en Iggy Pop is de maniakaal rondspringende voorman van The Stooges. Zijn voordracht is explosief, zijn podiumverschijning de overtreffende trap van expressief. Iggy Pop straalt behalve seksualiteit vooral gevaar uit. Optreden doet hij niet om het publiek te behagen, het lijkt eerder op een vorm van exorcisme. Hij gaat daarin ook op het podium regelmatig tot de rand van zelfvernietiging. Wie ook mag vinden dat popmuziek vooral leuk en gezellig moet zijn, Iggy Pop denkt er ander over. Waar Reed op het podium vooral kil en afstandelijk staat, is de aanwezigheid van Iggy Pop juist fysiek, alsof hij het hele publiek een afranseling wil geven.

The Stooges zijn in alle opzichten bedreigend: Iggy Pop gaat confrontaties met het publiek niet uit de weg en hun instrumentarium alsmede dat van de zalen waarin ze spelen moet er nogal eens aan geloven.

En dan de muziek. Was hun door John Cale geproduceerde debuut nog in zekere zin op te vatten als rock-'n-roll, op *Fun House* uit 1970 zoekt de band het experiment met lange improvisaties, meer beïnvloed door de jazz van Ornette Coleman en John Coltrane dan door rock uit die dagen.

Maar The Stooges mogen met hun muziek dan The Rolling Stones hebben gedegradeerd tot brave schooljongetjes, ze gaan met *Fun House* net een paar stappen te ver. De plaat flopt, en platenmaatschappij Elektra

dumpt The Stooges. Hoewel ze tegenwoordig dan wel worden beschouwd als grondleggers van zowel punk als heavy metal, is het nog
maar de vraag hoe het met Iggy was afgelopen als begin jaren zeventig
niet een fan zich over hem zou ontfermen. Die fan heet David Bowie. Eerder heeft hij zich al op het juiste moment bij Lou Reed geïntroduceerd, en
ook in het geval van Iggy Pop treft Bowie iemand aan die na jaren van
voorspoed geen idee meer heeft hoe ze verder moeten. Reed niet na zijn
Velvet Underground-tijd en Pop niet, wanneer zijn Stooges zonder platencontract zitten.

Met Lou Reed zou Bowie in 1972 *Transformer* opnemen, Reeds succesvolste lp, met zijn grootste hit, 'Walk on the Wild Side'.

En met David Bowie als producer zou Iggy Pop met The Stooges in
1973 ook *Raw Power* opnemen, een plaat die wel wordt beschouwd als
blauwdruk voor de punk van een paar jaar later. Het is achteraf ook een
poging van Bowie om iets terug te doen voor de artiesten die hem zo
geïnspireerd hadden. Want zowel Reed als Pop zou met zijn performance
van grote invloed zijn op Bowies creatie *Ziggy Stardust*.

Maar we zijn dan al ver in de jaren zeventig, een decennium dat met
David Bowie een van de grootste popsterren van zijn generatie zal voortbrengen.

Het is echter wel opvallend dat Lou Reed en Iggy Pop – twee artiesten
die nu toch worden beschouwd als smaakmakers van de rock-'n-roll uit
de late jaren zestig – beiden zoveel te danken hebben aan de man die op
zijn beurt zonder hen nooit de David Bowie zou zijn geworden zoals we
hem kennen.

25 Einde van een tijdperk

1970 is in veel opzichten het jaar van de afrekening van de jaren zestig. Niet alleen overlijden twee van de toonaangevende grootheden, Jimi Hendrix en een maand later Janis Joplin, beiden aan een overdosis.

Ook de belangrijkste popgroep van het voorbije decennium houdt dat jaar op te bestaan. The Beatles hadden in de voorgaande zes jaar eigenhandig de popmuziek een compleet ander aanzien gegeven. Zij maakten het voor bandjes noodzakelijk hun eigen werk te spelen. Waar het in de jaren vóór hun doorbraak de gewoonste zaak van de wereld was dat artiesten liedjes zongen die door anderen al dan niet speciaal voor hen geschreven werden. Na 1964 kon dat niet meer. Popgroepen en artiesten werden ook afgerekend op hun songs, en wie serieus genomen wilde worden diende zijn eigen materiaal te schrijven.

Een andere grote verdienste van The Beatles was dat zij als eersten de mogelijkheden van de zich snel ontwikkelende opnametechnieken wisten uit te buiten. Een goede plaat ontstond niet alleen door het inzingen van een liedje, begeleid door de band zelf, eventueel aangevuld door sessiemuzikanten. Nee, de studio was zelf een belangrijk instrument geworden.

Het debuutalbum van The Beatles was een plaat die ook nog eens als eerste afrekende met het idee dat je voor een geslaagde lp niet veel meer dan een paar hitsingles met wat opvulliedjes achter elkaar hoefde te zetten. The Beatles hadden het conceptalbum geïntroduceerd. Een lp was vanaf nu een compleet geheel, een verzameling liedjes die bij elkaar hoorden, dat je ook als zodanig moest consumeren. Dat op *Sgt. Pepper's* de hit van dat moment en misschien wel mooiste Beatles-single, 'Penny Lane' gekoppeld aan 'Strawberry Fields Forever', niet eens te vinden was, zegt veel over de ambities van de band.

Eigen liedjes, het gebruik van de studio als extra muziekinstrument, en het presenteren van een lp als een samenhangend geheel van liedjes en muziekstukken: het zijn slechts enkele van de verdiensten van The Beatles. En ook na hun uiteengaan blijven ze hun stempel op de popmuziek drukken.

Zowel George Harrison als John Lennon komt in hetzelfde jaar dat The Beatles uiteengaan met platen die zich kwalitatief makkelijk kunnen meten met de platen van de *fab four*.

Harrisons *All Things Must Pass* – een box met twee lp's en een boek – geldt nog altijd als de muzikaal rijkste prestatie van een ex-Beatle. Maar ook *John Lennon/Plastic Ono Band* is een buitengewoon knappe plaat. Lennon schreeuwt erop in letterlijke zin zijn frustraties over zijn jeugd en afkomst van zich af.

Zowel Harrison als Lennon zou in de daaropvolgende jaren vergeefs proberen het niveau van hun solodebuut te evenaren. Drummer Ringo Starr komt compositorisch tekort en blijkt ook geen groot zanger. Grootse solowerken van zijn kant blijven uit.

Paul McCartneys soloplaten en de lp's die hij opneemt met zijn nieuwe band Wings blijven vreemd genoeg vaak in de schaduw staan van Lennons werk. Rockcritici hebben meer op met het rebelse van John Lennon dan met de wat bravere pop van McCartney.

Dat is ten onrechte. Lennon heeft dan wel een rebels imago, tegenover 'softie' McCartney als schrijver van 'Yesterday', maar vergeten wordt vaak dat McCartney aanvankelijk de echte rocker is in The Beatles. Het misschien wel hardste Beatles-nummer 'Helter Skelter' is een McCartney-compositie.

McCartney is altijd actief gebleven in de popmuziek, en met een plaat als *Band on the Run* maakt hij in de jaren zeventig veel indruk. Maar ook zijn werk blijft in de schaduw staan van dat wat hij samen met John Lennon schreef voor The Beatles. Er is beslist iets veranderd als zij in 1970 ophouden te bestaan.

26 What's Going On

Sly & the Family Stone doen op Woodstock wat Otis Redding twee jaar eerder op Monterey ook voor elkaar had gekregen: het rockpubliek enthousiasmeren voor zwarte muziek. Sly Stone had vanuit San Francisco al een zekere faam opgebouwd als excentrieke persoonlijkheid, maar hij verbijstert op Woodstock met zijn muziek, die een tot dan toe ongehoorde mix is van soul, psychedelica en pop. Het fundament wordt gelegd door het immer stuwende basspel van Larry Graham als basis. Sly & the Family Stone leggen eind jaren zestig samen met James Brown de basis voor die muziekstijl die we later funk zijn gaan noemen.

Met 'Dance to the Music' heeft hij een grote hit, maar zijn wereldwijde introductie bij rockliefhebbers vindt toch plaats op Woodstock, of beter gezegd via de registraties op film en grammofoonplaat in 1970. De uitvoering van 'I Want to Take You Higher' is een van de hoogtepunten van de film, en hoewel Stone aanvankelijk handig inspeelt op dit succes door met een *greatest* hits-album op de markt te komen, lijkt het Woodstock-succes hem eerder te verkrampen dan te inspireren.

In 1971 neemt hij *There's a Riot Goin' On* op, een duistere plaat waarop het uitbundige koper plaats moet maken voor sinister klinkende elektronica. De plaat, met een introvert zingende Stone in een vaak sombere toonzetting, is te beschouwen als een weerslag van zijn persoonlijke leven: door drugsgebruik is de euforie van de jaren zestig stilaan vervangen door zwaarmoedigheid en depressies. Maar de plaat blijft overeind wanneer je hem beluistert als Stones aanklacht tegen het Amerika van de vroege jaren zeventig. De vlag op de hoes is in dat opzicht veelzeggend. Het Amerika van 1971 is in oorlog met Vietnam (met relatief veel meer zwarten dan blanken die uitgezonden worden om te vechten) en verkeert in een diepe crisis, daar past geen vrolijke feestmuziek bij. *There's a Riot Goin' On* wordt wel gezien als Stones poging een soundtrack te maken bij het (zwarte) leven in de vs.

Stone is in dat opzicht niet de eerste artiest. Soulzanger Marvin Gaye is hem daarin voorgegaan met de lp *What's Going On*. Het belang van dit album uit 1971 voor de popgeschiedenis is nauwelijks te overschatten. Gaye staat in die tijd nog onder contract bij Motown, maar heeft grotere ambities dan het vertolken van vaak door derden aangeleverde popliedjes.

De dood van zijn zangpartner Tammi Terrell weerhoudt hem er vanaf 1970 ook van om al te veel in de schijnwerpers te staan. Hij trekt zich terug en wil een plaat maken met louter eigen composities, die ergens over gaat en die hij ook zelf mag produceren. Motown-baas Berry Gordy vindt het een raar idee, maar Gaye kan wel een potje bij hem breken aangezien hij getrouwd is met zijn zus Anna.

What's Going On is een van de eerste conceptalbums in de soulmuziek: het stelt veel zorgen van dat moment aan de kaak – van Vietnam tot het milieu en grotestadsproblematiek. De orkestrale arrangementen maken een geheel van de nummers die in elkaar overlopen, als ware het een klassieke symfonie. Het titelnummer, 'Mercy Mercy Me' en 'Inner City Blues' worden grote hits.

Marvin Gaye is niet de enige soulzanger die het korte singlewerk inruilt voor albums met lange stukken, thematisch aan elkaar verbonden, ook Isaac Hayes en Curtis Mayfield maken in de vroege jaren zeventig prachtige soulplaten. *What's Going On* heeft echter nog altijd de meeste zeggingskracht. Gaye maakt nog een paar mooie albums, zoals het sensuele *Let's Get It On* uit 1973, zijn echtscheidingsplaat *Here My Dear* (1978) en *Midnight Love*, met zijn laatste grote hit 'Sexual Healing', uit 1982. Een ruzie met zijn vader wordt hem in 1984 uiteindelijk fataal. Net als die andere grote soulzanger Sam Cooke twintig jaar eerder, wordt Marvin Gaye doodgeschoten.

Ook met Sly Stone loopt het niet goed af. Hij zal na het raadselachtig, soms morbide klinkende *There's a Riot Goin' On* in 1973 nog een prachtplaat maken, *Fresh*, met de hitsingle 'If You Want Me to Stay', maar daarna gaat het snel bergafwaarts. Zijn platen worden minder, en optredens worden op het laatste moment afgezegd. Hij zondert zich steeds meer van de buitenwereld af, raakt ook fysiek in verval en net op een moment dat niemand nog in een publieke verschijning van de Woodstock-held gelooft, verschijnt hij in 2006 op televisie bij de jaarlijkse uitreiking van de Grammy Awards, de grootste Amerikaanse muziekprijs. En warempel, in juli 2007 staan Sly & the Family Stone ineens op het affiche van North Sea Jazz. Hij zingt in elkaar gedoken vier liedjes en een halve toegift. De aanblik is even tragisch als ontroerend.

27 Stevie Wonder

Niet alleen Marvin Gaye krijgt van Berry Gordy artistieke vrijheid, ook Stevie Wonder dwingt dit bij Motown af in 1971. In dat jaar wordt Wonder 21 en dus officieel volwassen, bovendien beschikt hij vanaf dat moment over zijn vastgezette fortuin van meer dan een miljoen, dat hij al bij elkaar had gezongen.

Wonder wil wel bij Motown blijven, maar dan onder zijn eigen voorwaarden. Hoezeer hij baalt van het keurslijf waarin Gordy hem al die jaren had willen houden, valt te horen op zijn live-lp uit 1971: 'All I'm trying to do is get myself together. All I'm trying to do, is doing my own thing.'

Gordy buigt voor zijn wensen, met de lp *Where I'm Coming From* als resultaat. Hierop is al een eerste aanzet te horen van de meesterwerken die zouden volgen. Wonder speelt de meeste instrumenten al zelf, en bouwt de plaat zorgvuldig op, zonder aan de gebruikelijke hitsingles te denken. Hij neemt ook afstand van het archetypische Funk Brothers-geluid, en integreert elementen uit jazz, gospel en blues in zijn muziek.

Where I'm Coming From is een typische overgangsplaat. Opvolger *Music of My Mind* laat in 1972 horen hoe immens de muzikale kwaliteiten van Wonder zijn gegroeid. De songs worden complexer in structuur en ook grootser gearrangeerd. Prijsnummer op de plaat is het acht minuten durende 'Superwoman', dat met diverse tempowisselingen iets heeft van een minisymfonie.

Wonder speelt alle instrumenten zelf en opvallend is het gebruik van de Moog-synthesizer. Hiervoor roept Wonder de hulp in van twee pioniers in de elektronische muziek, Robert Margouleff en Malcolm Cecil. Het duo had eind jaren zestig al een van de eerste echte synthesizer-lp's uitgebracht onder de naam TONTO's Expanding Head Band, en het is beslist opzienbarend dat een zwarte soulster als Wonder bij hen aanklopt.

Toch komt het door Wonders gebruik van elektronica en de productionele hulp van het duo, dat ook de platen die hij daarna zou maken nog altijd zo uniek klinken. En niet alleen dat: *Talking Book* (1972), *Innervisions* (1973) en in iets mindere mate *Fulfillingness First Finale* (1974) behoren tot het beste wat de jaren zeventig aan popmuziek zou voortbrengen. Hits als 'Superstition', 'Higher Ground' en 'Don't You Worry 'bout a Thing' worden steeds weer door nieuwe generaties popliefhebbers ontdekt, en de productie van de platen klinkt nog altijd even fris en knisperend.

Na voor een recordbedrag van 13 miljoen dollar bij Motown te hebben bijgetekend brengt Wonder, zonder Margouleff en Cecil, in 1976 de plaat uit die algemeen als zijn meesterwerk wordt beschouwd: *Songs in the Key of Life*. Hoewel iets minder evenwichtig dan bijvoorbeeld *Innervisions* zou dit de plaat zijn die voor het blanke rockpubliek, dat door de opkomst van disco een beetje van soulmuziek verwijderd is geraakt, voor een hernieuwde kennismaking met soul zou zorgen. Stevie Wonder, daar kan je als rocker wel mee aankomen, net als indertijd met Otis Redding en Sly & the Family Stone.

Stevie Wonder kan dit niveau jammer genoeg niet handhaven. Hij is pas 26 als *Songs in the Key of Life* verschijnt, maar in de dertig jaar die volgen zou hij slechts heel sporadisch nog iets van die klasse in zijn muziek terugbrengen. Het tenenkrommend gemakzuchtige 'I Just Called to Say I Love You' uit 1984 levert hem zo veel succes op dat hij de lat daarna voor zichzelf nooit meer zo hoog heeft willen leggen als in de vroege jaren zeventig.

28 We Will Rock You. Van blues naar hardrock

The Rolling Stones hebben aan het eind van de jaren zestig hun bijdrage aan de psychedelische rock goedgemaakt. Hun *Their Satanic Majesties Request* was een artistieke miskleun geweest maar met platen als *Beggars Banquet* en *Let It Bleed* nestelen ze zich in 1969 weer aan de frontlinie van de rock.

Wel moeten ze in 1969 verder zonder medeoprichter gitarist Brian Jones, die een wat meer bluesgeoriënteerde koers wil blijven varen.

Jones, die uiteindelijk in datzelfde jaar dood in zijn zwembad wordt aangetroffen, was altijd een groot pleitbezorger van de Amerikaanse elektrische blues geweest, een muzieksoort waar The Rolling Stones in hun beginjaren veel van geleend hadden. En ook weer terugbezorgd, want voor veel Amerikaanse tieners betekent de muziek van de Stones een kennismaking met die van Muddy Waters, Elmore James en Jimmy Reed.

Maar er zijn naast de Stones meer Britse rockgroepen die elektrische Chicago-blues als uitgangspunt nemen voor hun eigen composities. Belangrijkste in deze blijken The Yardbirds, die drie van de beste Britse gitaristen voortbrengt: Jeff Beck, Eric Clapton en Jimmy Page.

Zij hebben, naast Jimi Hendrix, van de gitaar het belangrijkste element binnen de rock-'n-roll gemaakt. Popmuziek gaat niet meer om liedjes en singles alleen, maar ook om muzikaliteit, en instrumentale virtuositeit. Het maken van albums is sinds het eind van de jaren zestig voor rockgroepen steeds belangrijker geworden. Ze hoeven zich ook niet meer tot liedjes van maximaal vier minuten te beperken. De lengte van een plaatkant, 20 minuten, biedt bands de mogelijkheid tot experiment en solo's.

Een mogelijkheid waar Eric Clapton met Cream – hij richt die band na zijn periode in The Yardbirds op – dankbaar gebruik van maakt. Hetzelfde gebeurt met Jimmy Page. Die blijft in 1969 alleen over in The Yardbirds maar moet nog aan een aantal contractuele verplichtingen voldoen. Hij haalt bassist John Paul Jones erbij, even later gevolgd door zanger Robert

Plant en drummer John Bonham. Eerst heten ze nog The New Yardbirds, maar al snel kiest Page de naam Led Zeppelin.

Wat Page al heel lang wilde kan hij nu eindelijk verwezenlijken: echte albums maken waarop hij zijn liefde voor zowel keiharde elektrische blues als akoestische Britse folk aan elkaar kan koppelen.

In Plant heeft hij daarvoor ook precies de juiste zanger gevonden: hij kan gillen als een bezetene maar ook intiem klinken. Het eerste Led Zeppelin-album blijkt meteen al een perfecte mix van ongemeen harde bluesrock met virtuoos akoestisch spel en een vleugje psychedelica. De eerste twee Led Zeppelin-platen geven rockmuziek in 1969 een nieuwe dimensie. De basis is blues, maar de sound is harder. En naast Led Zeppelin zijn er nog twee Britse bands belangrijk voor deze sound, die later *hardrock* is gaan heten: Deep Purple en Black Sabbath.

Ook Deep Purples muziek is geworteld in de Amerikaanse r&b uit de jaren zestig. Ze scoren in 1968 al een hit met een cover van Joe Souths 'Hush', maar zijn niet zoals Led Zeppelin gegrepen door esoterische folk dan wel door klassieke muziek.

De mix van het harde bluesgitaarspel van Ritchie Blackmore met het klassieke orgel van Jon Lord leidt aanvankelijk nauwelijks ergens toe, maar wanneer zanger Ian Gillan en bassist Roger Glover de gelederen komen versterken, vindt Deep Purple zijn definitieve vorm. Hun *Deep Purple in Rock* (met het in Nederland nog altijd razendpopulaire 'Child in Time') slaat in 1970 direct aan. De gillende stem van Gillan, het gierende gitaarspel van Blackmore en het jankende orgel van Lord: alles krijgt volop de ruimte, en zou een blauwdruk vormen voor de wat meer klassiek georiënteerde symfonische tak binnen de hardrock.

De donkerste, haast gotische variant in de prille hardrockjaren komt van Black Sabbath. Ook zij beginnen in Engeland als een van de vele bluesbands die het land eind jaren zestig rijk is. Wanneer ze hun naam veranderen van Earth in Black Sabbath en de teksten ook worden aangepast aan de horrorfilm met Boris Karloff waaraan de naam ontleend is, ontstaat er een echt eigen Black Sabbath-geluid.

Klokkengelui en andere geluidseffecten moeten de luisteraar angst inboezemen, en anders zorgen daar de enorm dikke lagen over elkaar geplaatste gitaarsolo's van Tony Iommi en de hoge vervaarlijke, bijna duivelse stem van Ozzy Osbourne wel voor. Black Sabbaths flirts met horror en gotiek geeft hardrock naast Led Zeppelin met zijn blues en Deep Purple met de klassieke muziek een derde dimensie. Een fundament is gelegd voor de immens populaire muziekstroming uit de jaren tachtig en negentig.

Maar deze hardrock zou altijd weerstand onder rockcritici op blijven roepen. Het zou geen authentieke muziek zijn maar meer neigen naar theater. Anders dan rock uit de jaren zestig, waarbij iets op het spel stond, menen hardrockbands niet wat ze zingen en spelen. Hardrock zou slechts effectbejag zijn waar vooral de jeugd erg gevoelig voor is. Anders gezegd, de generatie die in de jaren vijftig en zestig met popmuziek was opgegroeid, doet hardrock van de hand als kinderachtig. Hun eigen kinderen mogen het dan wel opwindende muziek vinden, de babyboomers zelf horen er te veel winstdenken van het grootkapitaal in door en beschouwen de muziek als onecht. Dat blijven ze tot op de dag van vandaag doen.

29 Déjà Vu

Langzaam tekent zich het gegeven af dat er een nieuwe generatie rockmuzikanten opstaat. De nieuwe generatie wil vernieuwingen en zoekt het meer in extremen. De oudere generatie popfans – de zogenaamde babyboomers – groeit mee met de muziek zoals die door hun helden op Woodstock gespeeld werd, en houdt bij voorkeur vast aan de anti-Vietnam- en andere links-pacifistische idealen. De generatie kan zich nauwelijks identificeren met de agressieve hardrock zoals die door nieuwe bands gemaakt wordt. Liever zwelgt ze in nostalgie.

Tijdens de aftiteling van de gelijknamige film zingen Crosby, Stills & Nash het liedje 'Woodstock'. Het is geen eigen nummer, en het is ook niet tijdens het festival opgenomen. Het betreft een studio-uitvoering van een nummer dat door Joni Mitchell is geschreven. Mitchell, een Canadese zangeres-liedjesschrijver die naar Laurel Canyon is verhuisd, een wijk even buiten het centrum van Los Angeles waar eind jaren zestig vele muzikanten hun geluk komen beproeven, heeft al een paar platen uitgebracht. Ze staat zoals zovelen in Los Angeles onder contract bij David Geffen, en is ook uitgenodigd om op Woodstock op te treden. Door verplichtingen elders moet ze echter de volgende dag alweer terug zijn. De berichten over de slechte verbindingen en voorzieningen zijn zo verontrustend dat Geffen het niet aandurft zijn pupil daadwerkelijk te laten optreden.

Crosby, Stills & Nash zijn inmiddels al zo beroemd en hebben al zo veel platen verkocht dat Geffen een investering in een helikopter voor hen wel aandurft. Mitchell is nog tamelijk onbekend, past ook niet in dezelfde helikopter, en blijft in New York, een paar uur van het festivalterrein verwijderd.

Op basis van wat ze live op televisie ziet schrijft ze het liedje 'Woodstock': 'We are stardust, we are golden.' Hoewel ze zelf geen voet op het festival zet luidt de algemene opinie dat juist dit liedje het best de sfeer en het gevoel van Woodstock ademt.

Crosby, Stills & Nash zouden er goede sier mee maken, wanneer de makers van de film *Woodstock* hun vragen het liedje te zingen bij de aftiteling. Hoewel de plaat die ze gedrieën hadden uitgebracht het goed doet, willen ze toch niet als trio de concertpodia op; daarvoor hebben ze te weinig dynamiek.

Dus vragen ze Neil Young, die eerder al met Stills had gespeeld in Buffalo Springfield, om hen te komen versterken. Young, een echte *loner*, zoals hij op zijn eerste solo-lp uit 1969 al had gezongen, sluit zich bij hen aan, maar zou nooit een volwaardig groepslid worden. Dat is ook goed te horen op de plaat *Déjà Vu* van het viertal die in 1970 verschijnt, en een van de beroemdste platen uit de jaren zeventig wordt. Youngs 'Helpless' is weliswaar een van de vele hoogtepunten op die plaat, maar het liedje is toch vooral een Neil Young-compositie. Waar Crosby, Stills & Nash met samenspel en -zang echt een groepsgeluid neerzetten, doet Young weinig moeite aansluiting bij hen te vinden.

Young voelt er ook weinig voor de samenwerking al te enthousiast voort te zetten, omdat hij domweg geen zin heeft zich aan wie dan ook te binden. Het bevalt hem uitstekend als soloartiest. Hij maakt dan weer een plaat met Crazy Horse (*Everybody Knows This Is Nowhere*, 1969) waarop dansende elektrische gitaren de boventoon voeren, en volgt die doodleuk op met een veel ingetogenere singer-songwriterplaat (*After the Goldrush*, 1970) en een breed georkestreerde plaat met mierzoete ballades (*Harvest*, 1972).

Wat hij ook doet, alles slaat enorm aan. Logisch dat hij in die tijd weinig zin heeft zijn vrije tijd te besteden aan het spelen met Crosby, Stills & Nash.

Een opvolger van *Déjà Vu* blijft daardoor ook uit. Het berokkent de anderen weinig schade; die zijn druk genoeg met meespelen op elkaars platen en die van andere singer-songwriters uit de Canyon, én met elkaars vriendinnen.

30 Lady of the Canyon

Zowel Crosby als Nash ontfermt zich in meerdere opzichten over Joni Mitchell, die aanvankelijk vooral als songschrijver voor derden furore maakt; zo schreef zij bijvoorbeeld voor Judy Collins de hit 'Both Sides Now'. Maar na een weinig teweegbrengend debuutalbum vindt ze steeds meer haar draai. *Clouds* en *Ladies of the Canyon* laten al een gerijpte zangeres horen met een unieke gitaarstijl, en openhartige teksten.

Maar met *Blue* overtreft ze in 1971 niet alleen zichzelf maar ook de meesten van haar collega's. De intieme setting en haar teksten vol openhartige ontboezemingen van haar verlangens zijn huiveringwekkend direct. Alsof de luisteraar getuige is van iemand die zijn liefdesbrieven aan het voorlezen is.

Mitchell is niet de enige vrouw die zich tussen de mannelijke singer-songwriters staande moet zien te houden. Maar anders dan Laura Nyro en de nog altijd schromelijk onderschatte Judee Sill (ook door platenbaas Geffen zelf, die tot afgrijzen van Sill alleen maar oog heeft voor Mitchell en de mannen van zijn label) lukt dat Mitchell met verve.

Na *Blue* verkopen haar platen in stijgende mate, en weet ze zich bovendien per plaat weer te vernieuwen. Zo neemt ze gaandeweg afstand van het akoestische metier waar singer-songwriters zich mee ophouden, en zoekt ze muzikale uitdagingen door bijvoorbeeld met jazzmuzikanten te gaan samenwerken.

Zo wordt een van haar mooiste albums, *Hejira*, uit 1976 opgesierd door het onnavolgbaar soepele basgeluid van Jaco Pastorius, en deinst ze er ook niet voor terug jazzicoon Charles Mingus een eer te bewijzen met bewerkingen van zijn nummers.

Dat komt haar duur te staan want zowel de jazz- als de rockcritici vinden er niets aan. De kracht van Mitchell is echter dat ze zich nooit iets laat dicteren door anderen. Haar oeuvre behoort daarom nog altijd tot de meest oorspronkelijke en veelzijdige uit de popgeschiedenis.

31 The Belfast Cowboy

Naast Neil Young en Joni Mitchell debuteert er eind jaren zestig nóg een soloartiest die een groot stempel op de jaren zeventig zou drukken: Van Morrison. De roodharige Ier doet midden jaren zestig voor het eerst van zich spreken als zanger van Them. Muzikaal een van de vele bluesrock-bandjes uit die tijd, maar wat Them wel heeft en de meeste andere niet is een zanger met een spectaculair intens stemgeluid. Want zoals Van Morrison zingt, zingen er maar weinigen, voor en na hem.

Them heeft een paar hits, waarvan 'Gloria' een regelrechte klassieker genoemd mag worden. Kracht, souplesse en soul zijn in Morrisons stem met elkaar verenigd, ook op de eerste nummers die hij in 1967 na het uit-eengaan van Them op zou nemen. Het opbeurende 'Brown Eyed Girl' wordt terecht een grote hit, maar het publiek weet zich verder geen raad met bijvoorbeeld het dreinende 'T.B. Sheets'. Midden in de summer of love luisteren naar een lange bluessong over tuberculose? Nee, daar heeft niemand oren naar.

Een gedesillusioneerde Morrison gaat daarop weer terug naar Ierland en werkt aan een plaat die tot de beste aller tijden gerekend kan worden: *Astral Weeks*.

Een collectie liedjes zo aangrijpend en intens gezongen dat het je be-gint te duizelen. Hier is niet iemand aan het zingen, dit is puur exorcisme. Alsof al zijn demonen er in veertig minuten uit moeten, zo klinkt Morri-son. Instrumentatie en arrangementen zijn ongewoon, Morrison maakt gebruik van jazzmuzikanten, maar ieder nummer is raak. Van Morrison is een zoeker naar loutering, en in die rol zou hij altijd het best blijven klinken.

Astral Weeks wordt in 1970 opgevolgd door het veel lichtvoetigere maar verrukkelijk klinkende *Moondance*, waarna een reeks platen volgen die al-lemaal mooi maar nooit urgent zijn.

Enkele uitschieters in zijn oeuvre blijven die platen waarop vooral een zoekende Morrison te horen is: *Veedon Fleece* uit 1974, *Common One* uit 1980 en het vaak over het hoofd geziene album *Irish Heartbeat*, dat Morrison in 1988 opnam met The Chieftains. Echt slecht zijn de talloze andere platen die hij gemaakt heeft nooit, maar meestal toch erg gemakzuchtig. Wel tekent hij in 1974 voor een van de beste liveplaten ooit: *It's Too Late to Stop Now*.

32 De singer-songwriter

Behept met de idealen uit de jaren zestig, bepakt met muzikale bagage zoals de vroege platen van Bob Dylan, en gezegend met een intense afkeer van deelname aan de burgerlijke samenleving duiken er begin jaren zeventig talloze mannen en vrouwen op die het met alleen een gitaar of piano en een paar liedjes willen gaan maken in de popmuziek.

Naast de eerder genoemde grote oeuvrebouwers maken in die tijd ook artiesten als James Taylor, Paul Simon, Leonard Cohen, Jackson Browne, Randy Newman en Carole King hun eerste platen.

We duiden ze allemaal aan als singer-songwriter maar ze hebben eigenlijk weinig met elkaar gemeen behalve dat hun platen een publiek bedienen dat graag serieus naar muziek wil luisteren en niet als kinderen wil worden toegeschreeuwd.

Onder hen heb je humoristen als Randy Newman, een zanger die aanvankelijk dichter en romancier was als Leonard Cohen, een zangeres (Carole King) die in de jaren zestig deel uitmaakte van een van de allersuccesvolste songschrijversduo's (Goffin & King), en een zanger, Paul Simon, die na een helft te zijn geweest van een van de meest succesvolle zangduo's van de jaren zestig, Simon & Garfunkel, in de jaren zeventig naam maakt als soloartiest.

Allemaal maken ze een of meer mooie platen die ook vandaag de dag nog niets aan zeggingskracht hebben ingeboet.

Speciale aandacht verdient Jackson Browne, niet eens zozeer vanwege zijn vroege soloplaten, die ook mooi zijn, maar vanwege een plaat die hij pas in 1974 zou uitbrengen. Deze plaat geldt misschien wel als het ultieme slotakkoord van de jaren zestig.

Late for the Sky is namelijk behalve het relaas over een mislukte relatie (een zeer geliefd thema onder singer-songwriters) vooral het verhaal over de teloorgang van alle idealen zoals die eind jaren zestig door de Woodstock-generatie werden geformuleerd.

Browne weet het, hij was er immers bij. Hij zingt over zijn desillusies, en het naderende einde der tijden. Alles is voor niets geweest. In die gedachte sluit hij zijn aangrijpende *Late for the Sky* af met het liedje 'Before the Deluge'.

Niet alleen de liefde kan vergankelijk zijn, ook idealen. Het streven naar een vreedzame samenleving, ontdaan van kapitalisme en hebzucht, waarin iedereen gelijke rechten heeft, het had zo mooi geklonken, maar er is uiteindelijk niets van terechtgekomen.

Jackson Browne heeft het zeer poëtisch verwoord en met hulp van slidegitarist David Lindley wonderschoon verklankt. Met *Late for the Sky* worden de jaren zestig pas echt afgesloten. Tijd voor nieuwe geluiden en nieuwe sterren.

33 Popmuziek als hogere kunst

Het rocklandschap ziet er begin jaren zeventig als volgt uit: aan de ene kant heb je de singer-songwriters met hun introverte, persoonlijke liedjes. Uit die scene zou een sterk door countrymuziek en de samenzang van Crosby, Stills & Nash beïnvloede rockgroep ontstaan die zou uitgroeien tot een van de populairste bands uit de jaren zeventig: The Eagles.

Haaks op deze betrekkelijk rustige muziek met sterke hang naar de sixtiesromantiek staat de hardrock, die steeds luider, pompeuzer en ook pretentieuzer wordt. Want vooral onder Britse muzikanten heeft het idee postgevat dat popmuziek geen wegwerpproduct voor bij uitstek de jeugd hoeft te zijn. *Sgt. Pepper's* had bewezen dat popmuziek ook 'hogere' kunst kon zijn. En hoe maak je het kunstestablishment duidelijk dat popmuzikanten wel degelijk 'volwassen' muziek kunnen maken? Juist, door elementen uit de klassieke muziek met rock te verweven.

Deep Purple doet het al vroeg dankzij de klassiek geschoolde organist Jon Lord. Procol Harum verwijst in hun monsterhit 'A Whiter Shade of Pale' naar Bach, en het trio Emerson, Lake & Palmer gaat zelfs zo ver een complete rockversie van Mussorgsky's *Schilderijententoonstelling* op plaat te zetten. Dan heb je nog The Moody Blues, die hun platen als complete symfonieën opbouwen, met veel strijkers en orkestrale arrangementen.

Later zouden zich hier nog bij voegen: Genesis, met Peter Gabriel die een plaat niet als een verzameling liedjes zag maar platen opbouwde als een theatervoorstelling, King Crimson, en Electric Light Orchestra en Queen. Allen menen ze dat hun muziek meer diepgang zou krijgen wanneer er elementen uit de klassieke muziek aan toegevoegd zouden worden.

Vooral in Groot-Brittannië werkt het, en ook in Nederland komt symfonisch getinte rock met een band als Supersister in de mode. En internationaal succes is er zelfs voor Focus, dat door Britse rockmuzikanten op handen wordt gedragen. Jan Akkerman zou in 1973 door lezers van het muziekweekblad *Melody Maker* zelfs worden verkozen tot beste gitarist ter wereld (boven Jimmy Page en Eric Clapton).

Ook bands die in de jaren zestig excelleren in eenvoudige rock-'n-roll als The Kinks en The Who, krijgen ineens grotere ambities door zich te wagen aan collecties liedjes die ze rockopera's gaan noemen, met *Tommy* en *Quadrophenia* van The Who als meest beroemde voorbeelden.

Rockopera's zijn pop-lp's opgebouwd als symfonieën waarop muzikanten steeds meer hun virtuositeit demonstreerden, popmuziek als kunst. Het is niet meer bij uitstek iets voor de jeugd, en ook niet iets om even vluchtig kennis van te nemen. Nee, rock-lp's moet je vanaf nu ondergaan als een serieuze luistertrip. Muziek die heen en weer kaatst tussen diverse stemmingen, tempo's en stijlen, en ook de teksten zijn niet meer eenduidig. Je moet het allemaal tot je nemen met de hoes op schoot. Die hoezen blijken ook vaak kunstwerken op zich, zonder foto van de band maar met een tekening of schilderij, vol symboliek, die ook moet bewijzen dat de makers niet van de straat zijn.

34 Glamrock en de opkomst van David Bowie

Toch is er ook enig tegenwicht tegen dit steeds pompeuzer worden van rockmuziek. Juist in de vroege jaren zeventig maken bijvoorbeeld The Rolling Stones nog een paar van hun allerbeste platen, Sticky Fingers en Exile on Main Street, waarop de band dankzij het veelvuldig in gezelschap verkeren van countryrockpionier Gram Parsons een nieuwe dimensie aan hun van blues, soul en rock-'n-roll doordrenkte muziek weet te geven.

Uit de Verenigde Staten komt de zompige swamprock van Creedence Clearwater Revival, een trio dat met John Fogerty gezegend is met een van de allerbeste rockzangers. Maar waar vooral de jeugd behoefte aan heeft is eindelijk weer een echt popidool.

Er is een nieuwe generatie popliefhebbers opgestaan, die weinig op heeft met The Beatles en de Stones, dat wordt gezien als muziek van hun oudere broers of zelfs ouders. Ze willen eigen helden, en het liefst niet iemand uit het hippietijdperk.

Een mooi moment voor David Bowie om zich definitief te gaan bewijzen als popster. Beter kan hij het niet treffen. Hij heeft eind jaren zestig al een hit met 'Space Oddity' maar neemt met een stevige rockband met onder anderen gitarist Mick Ronson op de lp The Man Who Sold the World uit 1970 afstand van de enigszins wolkachtige, sterk door Bob Dylan beïnvloede muziek.

Zijn band noemt hij The Spiders from Mars, naar aanleiding van een plan dat hij al had met zijn conceptplaat (ja, ook Bowie) over de opkomst en ondergang van een rockster: The Rise and Fall of Ziggy Stardust and the Spiders from Mars. Die plaat komt er daadwerkelijk in 1972, maar Bowie heeft dan al het alom bejubelde album Hunky Dory op zijn naam. De plaat bevat met 'Changes' en 'Life on Mars?' minstens twee Bowie-klassiekers en valt meteen op doordat ondanks het orkestrale geluid het popliedje erop centraal staat. Bowie heeft de wat theatrale musicalsound waar hij altijd al dol op was, in tegenstelling tot veel van zijn tijdgenoten, niet extra benadrukt maar heeft het juist wat weggedrukt. Hoewel Bowie op *Hunky Dory* verwijst naar Andy Warhol en Bob Dylan – artiesten die toch tot de vorige generatie worden gerekend – geeft hij de nummers allemaal een echt popgevoel mee. Een beetje zoals de vooral in Groot-Brittannië zeer populaire Marc Bolan dat doet in T.Rex.

Bowie is in hevige mate beïnvloed door Marc Bolan en zijn T.Rex, die grote Britse hits heeft met 'Get It On', 'Jeepster' en 'Hot Love'. Bolan oogt als een popster, maakt zich op en kleedt zich extravagant. En dat is wat Bowie ook wil: de creatie van de popster als reactie op het hippiedom. Opgemaakte muzikanten die een personage spelen tegenover de persoonlijke muziek van singer-songwriters, het korte momentum van een pop-single tegenover de langdradige albums, en het prefereren van succes en glamour boven het authentiek willen zijn.

Bolan staat echter ook weer niet alleen. Er is begin jaren zeventig sprake van een heuse glamrockexplosie, met iedere twee maanden strijd tussen Slade en T.Rex welke single de eerste plaats zou innemen.

Het succes van glamrock in vooral de Britse hitparades is een logisch gevolg van het verlangen van de jongste tieners naar eigen sterren. Bolan is er een, maar die kan de druk niet aan. Slade, The Sweet en Gary Glitter maken leuke singles, maar blijken ook weer te beperkt houdbaar om een heel album boeiend te blijven.

Glamrock geeft met veel uiterlijk vertoon de volledig ingedutte hitparades weer nieuwe impulsen maar, en dat had David Bowie als snel begrepen, de vluchtigheid van de hitparade alleen is een te zwak middel om Britse popmuziek weer echt vitaal te maken.

Wat ze goed kunnen gebruiken is iemand met de literaire diepgang van Lou Reed of iemand met de angstaanjagende podiumuitstraling van Iggy Pop. Dus zoekt de handige netwerker Bowie hen op.

35 Ziggy Stardust en andere Bowie-gedaanten

Bowies creatie van de fictieve rockster Ziggy Stardust bevat zowel elementen van Marc Bolan, als Lou Reed en Iggy Pop. Het album *The Rise and Fall of Ziggy Stardust and the Spiders from Mars*, dat in 1972 verschijnt, verwezenlijkt al Bowies ambities. Het is van 'Five Years' tot aan het huiveringwekkende 'Rock 'n' Roll Suicide' een concept-lp, maar de plaat klinkt nergens zo pompeus als de minirockopera's van The Who. Bowie blijkt bovendien uitstekend in staat om een en ander naar het podium te vertalen. Begeleid door zijn Spiders from Mars, ontpopt zich in hem steeds meer de acteur die hij ook is.

Bowie claimt niet authentiek te zijn, hij speelt er juist mee. De popmuziek moet af van al die serieuze oprechtheid. Niets is bij Bowie nog wat het lijkt. Hij speelt bijvoorbeeld met zijn seksualiteit door zich net als Bolan steeds androgyner te kleden. Hij zou zichzelf uiteindelijk compleet depersonaliseren.

Want op ieder album dat hij in de jaren zeventig uitbrengt heeft hij een metamorfose ondergaan. Uiterlijk, maar ook muzikaal. Die bijna kameleontische verschijning van Bowie zou haast spreekwoordelijk worden. Op iedere plaat vindt hij zichzelf opnieuw uit en steeds weer lijkt hij net iets op de toekomstige trends in popmuziek vooruit te lopen.

Staat *Aladdin Sane* uit 1973 met het glamrockgeluid nog dicht bij *Ziggy Stardust*, op *Young Americans* brengt hij twee jaar later een ode aan zwarte funk, vlak voordat disco in de mode komt.

Bowies talent als trendwatcher is een niet te onderschatten factor in zijn succes. Ook zijn gevoel voor timing is perfect, met zowel Lou Reed als Iggy Pop werkt hij samen op een moment dat dezen in een creatieve dip zitten.

Reed wist in 1972 als soloartiest geen goed gevolg te geven aan zijn Velvet Underground-periode, en Iggy Pop was met zijn Stooges op dat moment ook even uitgeraasd. Hun platen die met Bowies hulp tot stand komen (Reeds *Transformer*, en Iggy Pops *Raw Power*) blijken zowel artistiek als commercieel hoogtepunten in hun carrière.

36 De nieuwe popsterren

Behalve David Bowie levert de Britse popmuziek in de vroege jaren zeventig nog twee wereldsterren aan: Rod Stewart en Elton John. Net als Bowie zijn zij niet vies van publiciteit in de roddelpers. De blonde vriendinnen van Rod Stewart en de brillenverzameling van Elton John zijn voor de tabloids minstens zo belangrijk als hun muziek. Dat is een beetje ten onrechte, want beiden hebben een paar belangrijke wapenfeiten op hun palmares.

Zo maakt Rod Stewart, voor hij als soloartiest met veel kwijlnummers beroemd zou worden, deel uit van een van de wildste rockgroepen van dat moment, The Faces, samen met onder anderen de latere Rolling Stone Ron Wood. Stewart blijkt een buitengewoon goed zanger, die zowel klassieke soulnummers van Sam Cooke als wilde rock-'n-rollstampers naar zijn hand kan zetten. Terwijl een vroege solosingle als 'Maggie Mae' in die jaren zeventig een sieraad is in de hitparades.

Ook Elton Johns werk uit die periode staat nog altijd overeind. Zijn kleine liefdesliedjes zoals 'Your Song' en 'Daniel', alsmede Johns eigen bijdrage aan de glamrock 'Saturday Night's Alright for Fighting', blijken uitstekende singles. Vooral zijn dubbel-lp *Goodbye Yellow Brick Road* uit 1973 blijkt nog altijd een wonder van muzikale zeggingskracht. Zeker wanneer je er de platen van Yes en Emerson, Lake & Palmer uit die tijd tegenover stelt. Vooral in samenwerking met tekstschrijver Bernie Taupin blijkt Elton John in die eerste helft van de jaren zeventig een ongenaakbaar songschrijver.

Inhoudelijk misschien nog het dichtst bij Bowie, in ieder geval qua vernieuwingsdrang, staat de rockgroep Roxy Music. Hun muziek neigt naar glamrock maar is daarvoor eigenlijk ook weer wat te complex. Dankzij het gebruik van zowel saxofoon als synthesizer is hun klankbeeld met dat van weinig andere bands te vergelijken. Het knappe is dat Roxy Music zowel goed blijkt in het componeren van langere, typische albumtracks als in het componeren van puntige popsingles.

Roxy Music maakt muziek waar de term *artrock* voor lijkt uitgevonden. Maar de band heeft met Bryan Ferry en Brian Eno twee leiders aan boord, allebei even eigenwijs. Lang kan het niet goed gaan, en dat doet het ook niet.

Eno houdt het na twee albums voor gezien, en legt zich toe op solo- en productiewerk. Roxy Music zou het zonder hem aardig weten te rooien, met Ferry als even charmante als flamboyante voorman. Ferry blijkt zich tevens te kunnen profileren als een zeer verdienstelijk soloartiest, al leunt hij altijd op het repertoire van anderen.

Inmiddels is wel vast komen te staan dat Brian Eno van de twee de grootste artistieke kwaliteiten bezit. Los van mooie, muzikaal rijke pop-platen en legendarisch geworden producties voor David Bowie, Talking Heads en U2, die hij vanaf het eind van de jaren zeventig voor zijn rekening neemt, is Eno ook naamgever aan een compleet nieuw genre: *ambient*. Een soort popvariant op de klassieke minimal music.

37 Ondertussen, in de Verenigde Staten

De roep om nieuwe popsterren voor een nieuwe generatie is in de VS begin jaren zeventig veel minder luid. Britse artiesten als Led Zeppelin worden daar echter ook razendpopulair en zoals in heel de wereld breekt Pink Floyd ook daar met hun *The Dark Side of the Moon* alle verkooprecords. Het publiek groeit met de muziek mee, er ontstaat mede dankzij de FM-radio, die lange autoritten van een soundtrack voorziet, een steeds grotere markt voor moeilijkere popmuziek. *Adult orientated rock*-stations krijgen een steeds grotere invloed op de popcultuur. En hoewel de VS met Alice Cooper hun eigen glamrock-(anti)held afleveren, wordt zijn semihardrock in de serieuze media nauwelijks als volwaardig gezien.

De babyboomers hebben het er nog lang voor het zeggen, en in de jaren zeventig zou vooral de zonnige, mooi geproduceerde, zorgeloos klinkende rockmuziek uit Los Angeles een lange tijd bepalend blijven.

Uit de folkrock van de jaren zestig is countryrock voortgekomen, vooral door het baanbrekende werk van Gram Parsons in The Byrds en later in The Flying Burrito Brothers. Het meeste succes met een wat verwaterde versie van countrymuziek heeft Linda Ronstadt en uit haar groep Californische begeleiders zou in 1971 The Eagles ontstaan.

Wat The Byrds en The Flying Burrito Brothers niet gelukt was, lukt The Eagles wel: een massapubliek bereiken met muziek die het midden houdt tussen country en rock. Ze spelen en zingen misschien wel wat gladjes maar altijd loepzuiver en met een kristalhelder geluid.

Hun in 1976 verschenen greatest hits-plaat over de jaren 1971-1975 gaat jarenlang door voor het bestverkochte rockalbum aller tijden. Hun meest vermaarde plaat, *Hotel California*, moet dan nog verschijnen.

Rauwer en daardoor ook minder populair is de muziek van Little Feat, dat de westkustrock met een flinke dosis New Orleans-funk implementeert, maar vooral door het onberekenbare gedrag van de geniale maar zwaar alcoholistische zanger-gitarist Lowell George beleeft Little Feat nooit een grote doorbraak. Wel vindt hun muziek, net als dat van label- en generatiegenoten Ry Cooder, Randy Newman en Bonnie Raitt, gehoor in Nederland.

Hier worden ook de talenten van een andere songschrijver uit Los Angeles al vroeg onderkend. Tom Waits klinkt op zijn eerste platen *Closing Time* (1973) en *The Heart of Saturday Night* (1974) nog als een countryzanger die het nachtelijke leven van de bohemiens in Los Angeles bezingt. Hij begint op latere platen steeds meer te klinken als de alcoholistische nachtbraker die hij vaak als onderwerp heeft. Zijn stem wordt steeds meer door whisky en sigaretten aangetast, en klinkt op het laatst als schuurpapier. Later zou Waits beweren dat hij slechts een rol speelt. Hij koestert een romantisch verlangen naar de hoogtijdagen van de *beat generation*, aangespoord door het werk van Jack Kerouac en Allen Ginsberg. En dus gaat hij muziek maken die refereert aan jaren-vijftignachtclubjazz, en verzint hij verhalen over verschoppelingen en mislukte artiesten aan de zelfkant van de maatschappij.

Naar alle waarschijnlijkheid zou hij er zelf ook aan onderdoor zijn gegaan als hij begin jaren tachtig niet zijn echtgenote Kathleen Brennan tegen het lijf was gelopen.

38 Rumours

Terugdenkend aan de jaren zeventig zijn er nog drie namen die bepalend zijn voor het Amerikaanse rockgeluid. Todd Rundgren, Steely Dan en Fleetwood Mac. Ze hebben weinig méér met elkaar gemeen dan dat ze zeer knap geproduceerde, vaak complexe en toch altijd prettig in het gehoor liggende muziek maken.

Todd Rundgren – al sinds de jaren zestig producer en lid van de garageband Nazz – zou in 1972 een dubbel-lp uitbrengen, *Something/Anything*, die exemplarisch is voor de beste Amerikaanse rock van die tijd. De hitsingle 'I Saw the Light' kan zich nog altijd meten met het beste van The Beach Boys, die in 1973 in Nederland hun laatste echt geweldige plaat opnemen, *Holland*.

Maar Rundgren wil te veel. Ook hij wordt geraakt door het virus van de concept-lp en wil op iedere plaat al te nadrukkelijk laten horen het slimste jongetje uit de klas te zijn. Door de luisteraar met de ene na de andere productionele truc om de oren te slaan, schiet hij zijn doel voorbij. Rundgrens intellectualistische benadering gaat steeds meer ten koste van zijn muzikaliteit.

Een lot dat ook de van oorsprong New Yorkse Steely Dan ten deel lijkt te vallen. Donald Fagen en Walter Becker weten op hun eerste platen als geen ander pop, rock en jazz met elkaar te verweven zonder dat het naar fusion of jazzrock neigt, twee in de jaren zeventig steeds populairder wordende afsplitsingen van jazzmuziek. Steely Dan verstopt hun razendknappe muzikale vondsten en wendingen in zeer meeslepende composities. De groep weet zich vanaf het debuut *Can't Buy a Thrill* (met de hit 'Do It Again') steeds weer te vernieuwen, al vraagt hun muziek op den duur zoveel van de muzikanten dat het duo stopt met live optreden.

Als liveband zou Steely Dan pas weer in de jaren negentig de draad oppakken, hun beste platen hebben ze dan al twintig jaar achter zich gelaten. Op North Sea Jazz in 2007 weten ze live met een uitmuntende band veel indruk te maken.

Maar geen plaat is zo te vereenzelvigen met de jaren zeventig in de Verenigde Staten als *Rumours* van Fleetwood Mac. Deze van oorsprong Britse bluesband heeft zich al in de VS gevestigd als in 1975 gitarist Lindsay Buckingham en zangeres Stevie Nicks de groep komen versterken. Met de bandkern, drummer Mick Fleetwood, bassist John McVie en diens echtgenote Christine McVie op toetsen, nemen ze in 1975 de lp *Fleetwood Mac* op, vol veilige, zorgeloos klinkende radiopop, die in een mum van tijd platina wordt. Twee jaar later wordt aan dit toch onverwachte succes door de band een gevolg gegeven met wat wel de ultieme Amerikaanse jaren-zeventigrockplaat wordt genoemd: *Rumours*.

De songs zijn stuk voor stuk sprankelend en 'Go Your Own Way' en 'Don't Stop' worden overal grote hits. *Rumours* is zo'n perfecte popplaat dat het tegelijkertijd ook symbool zou komen te staan voor de zelfingenomen platenindustrie van die tijd, louter gedreven door conservatisme.

Het is inmiddels 1977 en popmuziek klinkt nog altijd hetzelfde. The Eagles en Fleetwood Mac in de VS, Elton John, Pink Floyd en Led Zeppelin uit het Verenigd Koninkrijk verkopen de meeste platen. Even is er met Bowie en Bolan een opleving, dan lijkt er echt even een groot nieuw elan waarneembaar, maar het blijken slechts speldenprikken in het logge establishment.

Waar is de rebellie die altijd inherent aan de popcultuur lijkt te zijn gebleven?

39 Punk

Die rebellie is er wel, maar is kleinschalig en geografisch zeer verspreid. Iedereen lijkt elkaar pas te vinden wanneer in 1977 in Europa de debuut-lp's van The Sex Pistols en The Clash verschijnen. Eindelijk hebben de jongeren die moe worden van de in hun oren veel te commerciële popmuziek om hen heen, een eigen soundtrack. 'Punk' zouden de rock-'n-roll-platen van The Clash en The Sex Pistols door de media worden genoemd. Maar er moeten rond het fenomeen 'punk' eerst een paar misverstanden rechtgezet worden.

Ten eerste wordt nogal eens uit het oog verloren dat die platen *Never Mind the Bollocks, Here's the Sex Pistols* en *The Clash* nauwelijks invloed hebben op de werkwijze binnen de muziekindustrie. Platenmaatschappijen blijven net zo conservatief als voorheen en zowel The Clash als The Sex Pistols, die het ontketenen van een heuse revolutie wordt toegedicht, gaan zelf helemaal niet zo revolutionair te werk. Ze tekenen gewoon bij een grote platenmaatschappij. De echte *do it yourself*-gedachte, die later inherent wordt aan de punkgedachte, is er wel bij andere bands, maar zal pas later echt wortel schieten.

Hoe opwindend of opruiend Johnny Rotten en Joe Strummer ook klinken, in wezen spelen ze gewoon een ouderwets soort rock-'n-roll. Van enige muzikale vernieuwing is geen sprake, hooguit van een eigenwijs soort 'back to basics'-gedachte.

Ten derde: hoewel de geschiedschrijving vaak anders doet vermoeden, ontstaat de Britse punk niet zomaar. Malcolm McLaren, de latere manager van The Sex Pistols, ziet in New York een band spelen (The New York Dolls), zo wild en excentriek, dat hij besluit in eigen land eenzelfde soort zootje ongeregeld bij elkaar te zoeken. Instrumentbeheersing is onbelangrijk; het gaat hem om het uiterlijk: brutaal en het liefst choquerend.

Die New York Dolls bestaan al sinds 1971 en zijn het Amerikaanse antwoord op glamrock. Los van hen zijn er in het midden van de jaren zeventig in New York wel degelijk nieuwe geluiden te horen van bands die de kont tegen de krib willen gooien en die zich niet laten ontmoedigen door het conservatisme van platenmaatschappijen en clubs.

Zij vinden elkaar in CBGB, een door Hilly Kristal aan de Lower East Side gepachte uitspanning, vooral gefrequenteerd door motorclubleden. Kristal wil iedere avond livemuziek in zijn bar, maar stelt als eis dat iedere band eigen muziek moet spelen.

Bands als Television, Blondie en Talking Heads zouden hier op deze manier hun eerste platform vinden. Maar de eerste artiesten die buiten CBGB's naam maken zijn Patti Smith en The Ramones. Smith is een dichteres met een allesverzengende voordracht; The Ramones hebben rock-'n-roll uitgekleed tot het strikt noodzakelijke. Vier stripfiguren met een grote voorkeur voor sixtiespop, die klinken alsof ze alles drie keer te snel spelen.

Uiteenlopender dan Smith en The Ramones kun je ze niet bedenken, toch maken ze deel uit van dezelfde beweging. En het zijn hun debuutplaten *Horses* uit 1975 en *Ramones* uit 1976 die niet zozeer in de VS als wel in Europa de muzikale ontwikkelingen in een stroomversnelling doen geraken. Punkers in spe horen bij The Ramones en Patti Smith een geluid of herkennen een mentaliteit die ze aanspoort zelf het voortouw te nemen in een nieuwe beweging.

Het is opmerkelijk dat de New Yorkse nieuwe rockbands in de VS zelf eigenlijk betrekkelijk weinig losmaken, en in elk geval geen revolutie in de
popmuziek ontketenen. Hun werk wordt in kleine kring gewaardeerd
maar ze worden in de VS niet als vaandeldrager van een nieuwe muziekstroming gezien. In Europa, en vooral Groot-Brittannië, werkt dat anders. Het nihilisme van The Ramones spreekt velen hier zeer aan. Punk is
de uitlaatklep waar de jongeren al zo lang naar op zoek zijn geweest. Er
heerst een grote onvrede, door grote jeugdwerkeloosheid, toenemende
raciale spanningen, en polarisatie tussen politiek rechts en links. De
overheid heeft oogkleppen op, en laat de zaak behoorlijk escaleren.

Dus als The Sex Pistols in november 1976 debuteren met de single
'Anarchy in the UK', wordt dat onmiddellijk een volkslied voor de jonge
horden in opstand. In de jaren vijftig (*teddy boys*) en zestig (*mods*) waren er
al eerder rebellerende jeugdculturen ontstaan maar punks zijn de eersten
die hun woede rechtstreeks richten tegen de machthebbers zelf.

Dit politieke aspect aan punk is een nieuw gegeven binnen de Britse
popcultuur. The Sex Pistols ogen niet alleen gevaarlijk, ze klinken ook zo.
Overal waar ze komen lopen optredens uit op chaos en relletjes. Wat The
Sex Pistols van The Ramones hebben geleerd, is dat iedereen een band
kan beginnen, ook al kan je niet spelen of zingen. Maar ze stralen dankzij
de furieus snerende zanger Johnny Rotten ook echte rebellie uit. Voor veel
Britten belichamen de Pistols de onvrede die ze al lang voelen maar nooit
hebben kunnen benoemen. Wat The Sex Pistols aanmoedigen is dat je
niets aan anderen gelegen moet laten liggen, maar het heft in eigen hand
moet nemen.

Overal waar The Sex Pistols spelen is het gevolg hetzelfde: de bezoekers gaan zelf in een bandje spelen. Beroemd zijn in dat opzicht de optredens die de band in 1976 in de Lesser Free Trade Hall geeft. Alle 42 bezoekers daar beginnen later óf een band óf een eigen platenlabel. Joy Division,

The Fall, Factory en The Smiths ontstaan allemaal dankzij het bijwonen van een optreden van The Sex Pistols, en zo gebeurt dat ook in andere steden.

Ook Joe Strummer, indertijd zanger in het rock-'n-rollbandje The 101ers, is zo geraakt door het zien van The Sex Pistols in Londen dat hij het roer drastisch omgooit. Daarvoor krijgt hij van Mick Jones en Paul Simonon de kans. Zij zoeken een zanger voor hun band die The Clash zou gaan heten.

The Clash valt in Londen al snel op door hun eigen, ongemeen rauwe sound, met oprecht woedende vocalen van Joe Strummer. Door zoveel mogelijk te spelen, ook als voorprogramma van The Sex Pistols, maken ze naam, en krijgen ze van Columbia Records zelfs een platencontract aangeboden.

The Clash blijkt van meet af aan veel meer sociaal bewogen dan The Sex Pistols. Zo is hun debuutsingle 'White Riot' bijvoorbeeld een reactie op het zwaar uit de hand gelopen politieoptreden tijdens het jaarlijkse, vooral door immigranten bezochte Notting Hill Carnaval.

41 Do It Yourself

Hun debuut-lp *The Clash* verschijnt in april 1977, een halfjaar voor *Never Mind the Bollocks* van The Sex Pistols. Beide albums verschijnen bij grote platenmaatschappijen. Ook andere Londense bands die in die rumoerige punktijd debuteren – zoals Siouxsie & the Banshees en The Jam – doen dat voor grote gevestigde labels. Je kunt dus nauwelijks volhouden dat Londense punk aanspoort om ook de platenproductie in eigen hand te houden. Dat gebeurt wel in steden als Manchester en Liverpool. Het noorden van Engeland is voor de in Londen gevestigde platenindustrie te ver weg. Dus al die jonge bandjes die na het zien van The Sex Pistols of The Clash worden opgericht, moeten alles wel zelf doen. De eerste band die zelf een label opricht om hun eigen single op uit te brengen zijn The Buzzcocks uit Manchester. Het zijn ook twee Buzzcocks-bandleden die in 1976 The Sex Pistols naar Manchester halen, wat de band (nog los van hun nog altijd fris en opwindend klinkende liedjes) dubbel zo interessant maakt voor de punkhistorie.

Het relatief grote succes van deze *Spiral Scratch*-EP werkt voor velen inspirerend. Overal worden kleine onafhankelijke platenlabeltjes opgericht, die hun platen zelf naar de platenwinkels brengen of via de post versturen naar de fans. De belangrijkste labels, die nog jarenlang een stempel op de popmuziek zouden drukken, zijn: Stiff en Rough Trade in Londen, Factory in Manchester en Zoo in Liverpool. Niet veel later komen daar met het Londense Mute en Beggars Banquet nog labels bij die tot op de dag van vandaag bestaan. Punk betekent niet zozeer een nieuw geluid in de popmuziek als wel een nieuwe manier van fabricage en distributie. Iedereen met muzikale ambities kan vanaf nu een eigen plaatje uitbrengen, en dat was misschien wel de grootste verdienste van punk. Labels als Factory en Zoo leggen zich ook niet uitsluitend toe op punkbandjes, zij maken naam met bands als Joy Division en Echo & the Bunnymen, die gerekend worden tot de postpunk: een periode in de popmuziek zo tussen 1978 en 1983, die met terugwerkende kracht een veel veelzijdiger geluid voortbrengt dan het punkjaar 1977 zelf.

42 Reggae

Op de debuut-lp van The Clash staat ook een liedje, 'Police and Thieves', dat in de oorspronkelijke versie van Junior Murvin in 1976 een hit is onder de vele in Londen woonachtige Jamaicanen. Het opnemen van dit reggae-nummer door The Clash is een logisch gevolg van de voorliefde van de band voor deze muziek, die in Londen zeer populair is onder punks. Doordat Jamaica een voormalige Britse kolonie is, wonen er veel Jamaicanen, en de punks herkennen bij deze rasta's ook een verlangen naar het creëren van een eigen nieuwe samenleving, en het ontkennen van de bestaande maatschappij. De huis-dj van een van de belangrijkste Londense punkclubs The Roxy, Don Letts, draait tussen optredens door ook alleen maar Jamaicaanse reggae, al is het maar omdat er domweg nog te weinig punkplaten zijn.

Reggae zou zo ongeveer de enige muziekstijl blijken die niet met punk botst. The Clash zou op latere platen als *London Calling* nog vaak van hun liefde voor het genre getuigen.

Reggae komt eind jaren zestig voort uit ska en *rocksteady*, muziek die op Jamaica is ontstaan. Daar proberen – bij gebrek aan voldoende radio's – zogeheten *soundsystems* op straat elkaar de loef af te steken met het keihard draaien van r&b-platen, uit New Orleans en Miami geïmporteerd. Ska is eigenlijk niets anders dan het gevolg van een stel Jamaicanen dat op een gegeven moment zelf probeert de muziek van New Orleans na te spelen, maar het ritme niet goed onder de knie krijgt. Het zo ontstane geluid met de typerende *afterbeat* slaat echter zo aan dat dit de nieuwe sound wordt op Jamaica. Er komen wat hitjes richting Europa ('My Boy Lollipop' van Millie Small en 'Israelites' van Desmond Dekker). De muziek evolueert en soundsystems maken steeds veelvuldiger gebruik van dj's die over de instrumentale versies van de hits heen praten, het zogeheten *toasten*, een voorloper van rappen. De instrumentale versies worden ook steeds belangrijker, en er zijn producers als King Tubby en Lee Perry die met veel echo's op de baslijnen en het wegfilteren van zanglijnen, die de dj's maar in de weg zouden zitten, compleet nieuwe ritmetracks – de zogeheten *dubs* – fabriceren.

Veel van de op Jamaica ontwikkelde technieken zouden later enthousiast worden overgenomen in de hiphop en dance. En nog altijd behoren de reggaeplaten uit de jaren zeventig tot de mooiste popmuziek uit die tijd.

Maar buiten Engeland en Jamaica zelf doet reggaemuziek bitter weinig. De Amerikanen horen er niets in, en het zou pas in 1974 zijn dat de wereld dankzij Eric Claptons bewerking van diens 'I Shot the Sheriff' kennis neemt van Bob Marley, die dan met zijn Wailers al jaren actief is.

Bob Marley krijgt na zijn veel te vroege dood aan kanker (in 1981, hij is dan pas 36) wereldwijd – ook in Amerika – de status van een superster. Hij is zelfs de grootste ooit door een derdewereldland voortgebrachte popster.

Bob Marley trekt al snel veel aandacht dankzij platenbaas Chris Blackwell, die The Wailers Band (een zangtrio met naast Marley Peter Tosh en Bunny Livingstone) in 1970 wereldwijd bijtekent op zijn Island-label. Echte hits blijven echter uit. Platen als *Catch a Fire* (1973) en *Natty Dread* (1974) worden alleen door de rockpers enthousiast onthaald. Het is dankzij Marleys spectaculaire liveshows dat hij uiteindelijk toch succesvol wordt.

Het in Londen opgenomen *Bob Marley and the Wailers Live!* uit 1975 betekent een definitieve doorbraak, mede dankzij de hit 'No Woman No Cry'. Na een aanslag op hem, thuis in Kingston waar de politieke spanningen tot een kookpunt zijn gestegen, gaat Marley in 1977 in zelfgekozen ballingschap in Londen. Hij komt er in dit punkjaar in contact met diverse punkbands, treedt veel op en zou een grote inspirator blijken van een nieuwe lichting Britse reggaemuzikanten.

Ook maakt hij er zijn beste plaat: *Exodus*. Maar afgezien van Marley is er eigenlijk geen reggaeartiest die het buiten Jamaica zou maken. In Engeland is zijn muziek razendpopulair. De platen van bands als Culture en The Abyssinians, zangers als Dennis Brown en Burning Spear en de producers Lee Perry en King Tubby doen het weliswaar behoorlijk maar breken niet echt door naar een groot publiek. Het zijn Britse bands en artiesten als Aswad, Steel Pulse en een paar jaar later UB40 die met hun reggaesuccessen oogsten waar de Jamaicaanse grondleggers alleen maar van kunnen dromen.

43 Disco

Over de muziek die in de jaren zeventig groot wordt valt veel te zeggen, maar niet dat je er goed op kan dansen. Of die nu afkomstig is van de sensitieve singer-songwriters, de luidruchtige hardrockgroepen of van de wat meer intellectualistische symforockbands, het is vooral muziek voor het hoofd, niet voor de voeten.

Waar pop in de jaren zestig met Motown, Stax en andere soulmuziek altijd erg dansbaar was geweest, lijkt het wel alsof er midden jaren zeventig ineens niet meer gedanst mag worden.

Danslustigen kunnen in Engeland nog wel jarenlang terecht op de zogeheten *northern soul*-feesten, waar je de hele nacht kan dansen op oude soulplaatjes, waarbij de dj's er een sport van maken zo obscuur mogelijke singletjes uit de vs te bemachtigen.

En ook in de vs zelf wordt nog wel gedanst, want juist de zwarte muziek is altijd dansbaar gebleven. Er ontstaat een heel zoete soulvariant met veel breed uitgesponnen orkestrale stukken. Oudgedienden als Marvin Gaye, Isaac Hayes en nieuwere sterren als Barry White maken hele zwoele erotisch geladen, haast suiteachtige stukken. En in Philadelphia geven componisten-producers met hun soullabel Philadelphia International, met artiesten als Billy Paul en Harold Melvin & the Blue Notes, zelfs een naam aan deze orkestrale soul: Philly Soul.

Ook dankzij Al Green, die met zijn eigen onderbuikvariant op soul begin jaren zeventig veel hits produceerde, wordt het genre ontdaan van de uitbundige danselementen en steeds meer pure schuifelmuziek.

De dansvloer heeft weer wat nieuwe impulsen nodig, en die komen uit New Yorkse clubs en Europa. Vooral in de homobars van New York wordt niet meer gedanst op livemuziek, want de meeste rockbands willen er domweg niet optreden, zodat die clubs iets anders moesten bedenken. Dj's worden er met hun beats en ritmes belangrijk, niet de liedjes of de artiesten. Dj's hebben vaak twee dezelfde platen opstaan zodat ze een instrumentale break meerdere keren na elkaar op kunnen zetten. Zo kunnen ze een aaneengesloten stuk muziek op de dansvloer presenteren in plaats van een stel achter elkaar geplakte liedjes, die de dansers toch maar uit hun ritme zou halen.

Er ontstaat alleen steeds meer behoefte aan langere nummers dan de standaard vier minuten die de meeste dansbare liedjes duren. In die behoefte voorziet de Duitse producer Giorgio Moroder.

Hij heeft samen met de actrice Donna Summer, die als zangeres al een paar Europese hitjes op haar naam heeft, het liedje 'Love to Love You Baby' opgenomen. Een straffe synthesizerbeat en de hijgende stem van Summer doen dit nummer ook buiten Europa in discotheken belanden. Het is een Amerikaanse platenbaas die met het lumineuze idee komt er een langere versie van te maken en die op de door dj's geliefde, want makkelijk te bewerken, 12 inch-single uit te brengen (een single op lp-formaat).

Moroder rekt de instrumentale track door middel van *looping* op tot een minuut of zeventien, en Summer trekt zich even terug om voor de microfoon dertien minuten lang te hijgen en te kreunen tot ze een seksuele climax bereikt. Tot aan het veinzen van een orgasme aan toe.

Het nummer wordt in deze versie in 1975 een ongekende wereldhit, en vanaf nu zetten artiesten allemaal lange 'disco'-versies van hun liedjes op 12 inch-single.

Disco is dankzij hits van George McCrae, The Trammps, Gloria Gaynor en KC & the Sunshine Band in hitparades al niet onbekend meer, maar het biedt nu met het 12 inch-formaat ook aan oudere artiesten de gelegenheid zich te vernieuwen. Zie bijvoorbeeld Diana Ross en haar lange epische 'Love Hangover'.

Maar voor andere soulsterren van de oude stempel breken er lastige tijden aan, hun muziek wordt al snel ouderwets gevonden waardoor bijvoorbeeld Al Green en Curtis Mayfield zich geen raad meer weten en veel soulsterren geven zich over aan de verleiding door het bijna krampachtig toelaten van discoritmes in hun muziek.

Ze moeten ook wel want disco wordt dankzij de film *Saturday Night Fever* meer dan een cultfenomeen, het is een wereldwijde rage geworden. De film gaat over een jongeman gespeeld door John Travolta met maar één passie in het leven: de beste danser van de stad te worden. Dansen en disco van onder meer The Bee Gees en The Trammps staan erin centraal. Dansen is weer in de mode en disco dicteert in de jaren 1978-1980 de pop-cultuur. Meer dan punk dat zou doen.

44 De Mens Machine

In Düsseldorf wordt ondertussen gewerkt aan een muzikaal concept waarin niet de mens maar de machine centraal zou komen te staan. Muziek gemaakt door computers en uitgevoerd door robots, dat is wat Florian Schneider en Ralf Hütter voor ogen hebben met hun Kraftwerk.

Kraftwerk begint als een experimentele rockgroep die deel uitmaakt van de Duitse Krautrock-scene waartoe ook Duitse popgroepen als Can en Neu! behoren. Elektronica en analoge synthesizers worden steeds belangrijker voor Kraftwerk en andere Duitse experimentelen als Tangerine Dream en Klaus Schulze. Zij ontwikkelen als eersten (wanneer we even voorbijgaan aan de hiervoor bij Stevie Wonder al ter sprake gekomen TONTO's Expanding Head Band, met hun album *Zero Time* uit 1971), een muzikaal concept waarin synthesizers nu eens niet als een veredelde elektrische piano of als stoorzender in rockmuziek gebruikt worden. Tangerine Dream en ook Kraftwerk ontwerpen lange elektronische stukken volledig ontdaan van rockelementen maar ook van de klassieke invloeden, zoals die in veel symfonische rock in de jaren zeventig doorklinkt.

De synthesizer wordt een autonoom instrument met een geheel eigen geluid. De muziek die het voortbrengt zou door deze Duitse bands een geheel eigen vocabulaire krijgen.

Kraftwerk is niet de eerste band die elektronica centraal stelt in zijn muzikale universum, maar wel de belangrijkste. Hun belang voor de elektronische popmuziek is vergelijkbaar met dat van The Beatles voor de gitaarpop. Alle muziekstijlen die vanaf disco de popmuziek zullen vernieuwen, zijn schatplichtig aan Kraftwerk. Van hiphop tot aan house en techno, de werkwijzen en invloeden van Kraftwerk zijn hoorbaar. Net als The Beatles hebben zij het voordeel dat ze pioniers zijn, en net als The Beatles voor popgroepen zou Kraftwerk altijd de belangrijkste referentie voor elektronische muzikanten blijven.

Het concept zoals Kraftwerk dat in hun Kling Klang-studio ontwikkelt is niet zoals de meeste popmuziek een logisch gevolg van de popevolutie zoals we die tot nu toe gevolgd hebben.

Waar alle popmuziek van soul tot rock en van funk tot reggae tot nog toe is terug te voeren naar de basis van zwarte blues, folk, gospel en jazz, creëert Kraftwerk een geheel nieuw ijkpunt.

Ze beginnen met een schone lei. Liedjes en melodieën staan niet langer centraal, ook instrumentbeheersing speelt in het Kraftwerk-concept geen rol meer. Eigenlijk wordt alles wat menselijk klinkt en op expressie lijkt uit de muziek verbannen. Muziek wordt door Kraftwerk bewust ontmenselijkt. De geluiden representeren het geluid van de grote steden met hun industrieën, niet de mensen die ze bevolken. En voor zover Kraftwerk teksten gebruikt klinken die alsof ze uit robots komen en gaan ze altijd over de relatie tussen mens en machine. Auto's, computers, treinen en robots bevolken Kraftwerks muziek, menselijke emoties horen er niet in thuis, al is hun conceptuele aanpak niet gespeend van humor. Zo scoren ze medio 1975 zelfs in de Verenigde Staten een grote hit met 'Autobahn'. De dreinende mechanische ritmiek die het rijden op de snelweg moet verklanken wordt versierd met monotone stemmen die 'Wir fahren, fahren, fahren auf der Autobahn' zingen. Niet geheel toevallig klinkt Kraftwerk alsof ze 'Fun, fun, fun, auf der Autobahn' zingen. En die verwijzing naar The Beach Boys was voor het Amerikaanse poppubliek net dat ene houvast aan al bestaande popmuziek dat ze nodig hebben om Kraftwerk niet als iets volledigs buitenaards te hoeven zien.

Kraftwerk perfectioneert op latere platen hun concept tot in de puntjes. Hun muziek wordt steeds kaler, de elektronische ritmes steeds strakker, en ze benaderen met platen als *Trans-Europe Express* en *Die Mensch Maschine* (buiten Duitsland uitgebracht als *The Man Machine*) hun ideaal van robotmuziek. Het is muziek die vreemd genoeg wel pakkend is, en ook zeer invloedrijk. Alleen de wens van Kraftwerk om hun muziek niet zelf maar door robots uit te laten voeren, door tegelijkertijd op verschillende plekken concerten te geven waarin robots de computers bedienen, is in de jaren zeventig misschien nog een utopie. Twintig jaar later is depersonalisering in de popmuziek al de gewoonste zaak van de wereld. Binnen dance gaat het allang niet meer om de artiest waarop gedanst wordt.

Disco geeft de eerste aanzet voor die ontwikkeling, en Kraftwerk gaat daarin nog een stap verder. Wat Kraftwerk onder meer duidelijk maakt is:

dansen doe je op een beat, hoe die tot stand komt, en wie hem maakt doet niet ter zake. Het mag net zo goed van een machine komen, er is geen menselijke inbreng meer voor nodig.

45 Berlijn

Het concept dat Kraftwerk in Düsseldorf ontwikkelt, resulteert uiteindelijk in muziek die volledig voorbijgaat aan de klassieke eenheid zoals popmuzikanten die kennen: bas, gitaar en drums. Het geluid wordt bepaald door elektronica, en de muziek is niet langer meer terug te voeren op de aloude bluesschema's waar rock-'n-roll ooit uit is ontstaan. Maar buiten Düsseldorf zou zo rond 1977 nog een Duitse stad van cruciaal belang zijn in het verdere verloop van de popgeschiedenis: Berlijn.

Want hier strijkt David Bowie in 1976 neer, en hier is het waar hij zijn naam zou verbinden aan vier cruciale albums. Bowies Amerikaanse jaren hebben hem behalve veel succes een zware cocaïneverslaving opgeleverd, en de daarmee gepaard gaande paranoia. Hij heeft het allemaal aardig muzikaal weergegeven op het album *Station to Station*.

Daarop zijn al flirts met Europees klinkende elektronica waarneembaar, naast invloeden van typisch Amerikaanse discopop (*Golden Years*). Om definitief te breken met niet alleen zijn drugsverslaving maar ook met de Amerikaanse popinvloeden tuigt hij in 1976 naar Berlijn. Samen met de Britse producer Brian Eno – die Bowie al bewondert sinds Eno toetsen speelde in Roxy Music – neemt hij *Low* op. Een album dat wordt gedomineerd door zoemende, brommende en ook even beukende elektronica. Ook Bowie en Eno zijn geraakt door waar men elders in Duitsland mee experimenteert. *Low* bevat een paar lange instrumentale stukken en net als op de een halfjaar later uitgebrachte lp *Heroes* zijn de nummers traag, en wordt het klassieke popmetier van intro, couplet, refrein vaak verlaten.

Naast deze twee platen brengt Bowie in datzelfde jaar ook nog twee platen uit samen met zijn oude maatje Iggy Pop. Een in rock-'n-roll gedesillusioneerde Pop is in 1976 ook aan het afkicken (van heroïne), en wordt door Bowie weer overgehaald muziek te gaan maken. Hij is op *Low* te horen als achtergrondzanger en gaat ook in Berlijn zelf met David Bowie als producer de studio in. *The Idiot*, dat twee maanden na *Low* verschijnt, klinkt bezonken, dreigend en mysterieus, met Pop in de rol als *crooner from hell*. Bowies productie klinkt hier al net zo 'Europees' als op zijn eigen platen van dat jaar. Bowie is duidelijk op zoek naar een nieuw rock-'n-rollidioom. Al klinkt de ook in Berlijn door hem opgenomen Iggy Pop-lp *Lust for Life* dankzij het op een Motown-baslijn gestutte titelnummer weer even 'gewoon' Amerikaans.

Hoewel zeer experimenteel blijken alle vier de platen niet alleen succesvol onder critici maar ook onder het publiek. Bowie scoort hits met albumtracks als 'Sound and Vision' en 'Heroes', terwijl Pops 'Lust for Life' zou uitgroeien tot een van de grootste punkklassiekers.

Minder goed is *Lodger*, dat in 1979 de Berlijn-trilogie van Brian Eno en David Bowie completeert. Misschien ligt dat ook wel aan het feit dat producer Eno inmiddels in New York een andere klant heeft gekregen, de band Talking Heads. In ieder geval mag Bowie geprezen worden voor het feit dat hij niet alleen zichzelf maar ook zijn vriend Iggy Pop in Berlijn heeft weten te redden.

46 Britse postpunk

Britse punk zelf is eigenlijk een betrekkelijk kort leven beschoren. The Sex Pistols gaan in 1978 uit elkaar en The Clash ontwikkelt een steeds breder muzikaal referentiekader waarbinnen naast reggae ook ruimte is voor funk, rhythm & blues en rockabilly.

Punks van het eerste uur splitsen zich in twee groepen: zij die trouw blijven aan het adagium dat de muziek zo simpel en agressief mogelijk moet blijven. En zij die zich hun muzikale universum graag wat groter zien dan twee akkoorden en veel kabaal.

Wat The Sex Pistols en al die andere Londense punkbands in 1977 vooral hebben laten zien is dat iedereen een bandje kan beginnen, en dat succes niet afhankelijk is van muzikale kwaliteiten. Bovendien blijkt het helemaal niet zo ingewikkeld om je eigen muziek op plaat te zetten en uit te brengen. Dit samen brengt een heel nieuw elan in de Britse popmuziek. Maar hoezeer deze do it yourself-gedachte ook juist door punk wordt opgeroepen, het is niet de rudimentaire muziek van de eerste punkbandjes die het meest invloedrijk zou blijken. De Britse postpunkbands zijn hooguit in mentaliteit door Johnny Rotten beïnvloed. Groepen als Magazine, Joy Division, Wire, Cabaret Voltaire en The Fall zijn veel meer beïnvloed door wat er uit Duitsland en de vs komt dan uit hun eigen Londen.

De vier hierboven genoemde Bowie/Eno/Iggy Pop-platen, het werk van Kraftwerk, hun bronnen Can en Neu! in Duitsland, de New Yorkse Velvet Underground en de latere soloplaten van Lou Reed en John Cale: dát zijn de bronnen van inspiratie.

Ritmeboxen, synthesizers en andere elektronica worden steeds goedkoper, en de drang om ermee te experimenteren steeds groter. En het aardige is bovendien dat geen enkele band op een ander wil lijken en dat ook nauwelijks doen. Het Londense Wire, dat tussen 1977 en 1979 steeds meer elektronische versiersels aan zijn hoekige gitaarpunkliedjes hangt, lijkt in niets op het zwaar op tapemanipulaties en andere machinaal-elektronische klanken leunende Cabaret Voltaire uit Sheffield.

En los van elektronica blijken ook funk en zelfs free jazz (bij een band als de Pop Group uit Bristol) en nog steeds reggae en ska (The Specials en Madness) zich uitstekend voor een punkbehandeling te lenen. Wat punk vooral heeft weten los te wrikken is een enorme creativiteit. Ineens lijken al die voorheen zo geremde Britten al hun teugels te hebben losgegooid. Tussen 1978 en 1980 verschijnen de debuutalbums van Siouxsie & the Banshees, The Cure, Joy Division, The Slits, The Pop Group, Gang of Four, Cabaret Voltaire, Madness, The Specials, Dexys Midnight Runners, The Human League, Echo & the Bunnymen en U2. Stuk voor stuk klassiek geworden popplaten van in veel gevallen bands wier invloed nog tot op de dag van vandaag in de popmuziek voelbaar is. Bloeiender en veelzijdiger dan tussen 1978 en pakweg 1982 wordt de Britse popcultuur daarna nooit meer. Hooguit de periode 1963-1966, waarin The Beatles, The Rolling Stones, The Kinks, The Who, The Small Faces en The Yardbirds werden opgericht, kan eraan tippen.

47 Amerikaanse postpunk: new wave

In de Verenigde Staten is van een punkgolf zoals de Britten die hebben gevoeld geen sprake geweest. Waar je beslist kunt stellen dat de Britse popcultuur van punk een behoorlijke oplawaai krijgt, verandert in de VS eigenlijk niet zoveel. Het zijn daar in 1977 nog oude bands als The Eagles en Fleetwood Mac alsmede nieuwe rockgroepen als Foreigner die met eveneens zeer gladgestreken rock de radio-uitzendingen vullen. Britse punk krijgt er nauwelijks een voet aan de grond, en een 'eigen' punkband als The Ramones is in Europa veel populairder.

Waar de complete Britse jeugd punk lijkt aan te grijpen om hun maatschappelijke onvrede te demonstreren, is er van rebellie in de VS geen sprake. Daar lijkt iedereen heel tevreden met de situatie en zit niemand echt te wachten op die 'gevaarlijke' Britse punks zoals die in de media worden gepresenteerd. De muzikantenscenes zoals die zich in New York ontwikkelen rond CBGB met bands als Television, Blondie en Talking Heads en in steden als Cleveland, Ohio met Pere Ubu, komen niet zozeer in opstand tegen de maatschappij, hun drijfveer is vooral verzet tegen de door The Eagles gedomineerde popcultuur.

Aanvankelijk worden de bands beïnvloed door de Velvet Underground en The Stooges, maar waar Britse punks vaak hun afkomst uit de arbeidersklasse en hun anti-intellectualisme benadrukken, flirt iemand als Patti Smith openlijk met Franse symbolistische poëzie, en worden veel bands geformeerd op universiteitscampussen.

Hoewel minder duidelijk aanwezig, is er wel degelijk sprake van een nieuwe lichting Amerikaanse bands, die vooral door de Britse punk lijkt aangespoord wat meer van zich te laten horen. De rockjournalistiek heeft er ook al een naam voor bedacht: *new wave*. New wave is alles wat behalve nieuw vooral minder agressief en simplistisch klinkt dan punk. In Nederland heten niet alleen Amerikaanse gitaarbands van Television en Pere Ubu tot Blondie en Talking Heads new wave, maar ook de toch wat meer op singer-songwriterleest geschoeide rock van Mink DeVille en Tom Petty & the Heartbreakers. New wave wordt zo vooral gezien als een reactie op punk terwijl veel nieuwe Amerikaanse bands gelijk debuteren met de Britse punkbands. Maar met het new wave-etiket opgeplakt is het voor veel nieuwe Amerikaanse bands wel gemakkelijker om ook in Europa voet aan wal te krijgen, wat aanvankelijk ook hun belangrijkste markt zou blijken.

Punk is met The Stooges en The New York Dolls in de VS ontstaan, naar Groot-Brittannië geëxporteerd en daar door The Sex Pistols en The Clash eigen gemaakt. Maar punk heeft moeite in deze nieuwe vorm de Amerikaanse markt te veroveren. Liever dan echte punkbands kiezen Amerikaanse platenkopers voor iemand die meer aansluit bij hun eigen new wave-esthetica: Elvis Costello.

Als Elvis Costello met zijn band The Attractions in december 1977 in het livetelevisieprogramma *Saturday Night Live* moet invallen omdat de hiervoor beoogde Sex Pistols zijn vertraagd, is dat voor veel Amerikanen de kennismaking met punk dan wel new wave.

Elvis Costello's debuutalbum *My Aim Is True*, in 1977 uitgebracht op het kleine Stiff-label dat ook punkband The Damned onder contract heeft, doet het ook in de VS goed, daar waar de meeste Britten geen poot aan de grond krijgen. Maar Costello is dan ook geen punk, zijn muziek is veel meer geworteld in de singer-songwritertraditie en neigt meer naar Bob Dylan dan naar Johnny Rotten. Waarschijnlijk dat Amerikanen hem daarom wat makkelijker accepteren dan de gevaarlijke punks.

Punk vindt er pas vanaf 1981 een weg en heet vanaf dat moment hardcore, alles van voor die tijd wordt door de ware hardcorefans afgedaan als slap en onecht. Ze noemen het punk, bij wijze van geuzennaam. Niet de platen van de Pistols of The Clash en ook niet The Ramones staan model voor hardcore, de Amerikaanse punkvariant, maar de platen van Black Flag en Dead Kennedys aan de Westkust en Minor Threat in Washington DC. Het jaar 0 voor deze nieuwe beweging is niet 1976 maar 1981.

Maar net als de Britse postpunk heeft de Amerikaanse new wave wel een aantal bands voortgebracht die nog lang hun invloed doen gelden. Pere Ubu in Ohio, Talking Heads in New York, The B-52's in Georgia zijn nog lang een belangrijke referentie voor nieuwere bands. Zij die de vervreemding en paranoia inherent aan het leven in de grote stad willen verklanken spiegelen zich aan Pere Ubu. Bands die intellectualisme koppelen aan de drang te experimenteren met niet-westerse dansmuziek hebben Talking Heads, en bands die als waren het stripfiguren vrolijke sixtiespop en sciencefiction verenigen noemen The B-52's als belangrijk voorbeeld.

Bovendien inspireert de nieuwe muziek veel aspirant-journalisten ook hier tot het zelf volschrijven, stencilen en distribueren van popperiodieken, de zogeheten *fanzines*. Zoals veel muzikanten gedreven worden door de wil af te rekenen met de grote gevestigde miljoenenacts, zo willen fanzines de gevestigde muziekbladen te lijf gaan.

In dat opzicht verschilt de Britse situatie nauwelijks van de Amerikaanse. Net als Britse postpunkbands zijn ook de Amerikaanse new wave-bands schatplichtig aan allerlei genres en bands, om daar iets nieuws uit te ontwikkelen. Ook hier is de drijfveer niet zozeer beroemd worden maar meer de popcultuur van nieuwe impulsen te voorzien. Postpunk of new wave is meer vernieuwend in die zin dat het hybriden zijn van al bestaande genres dan dat er echt iets nieuws wordt geschapen. En zo zou popmuziek zich na 1980 blijven vernieuwen: niet doordat er nieuwe genres ontstaan, maar nieuwe combinaties van al bestaande muziekstijlen. Hooguit twee muziekstromingen verdienen vanaf nu nog het predicaat nieuw: house en hiphop.

48 Hiphop

Hiphop ontstaat midden jaren zeventig in New York, ongeveer tegelijk met disco. Maar waar disco bij uitstek ontwikkeld wordt in de clubs downtown, door dj's en producers, en ook al snel omarmd wordt door de platenindustrie, komt hiphop echt van de straat. En dan vooral uit de zwarte wijken in de Bronx. Zij die niet de middelen of leeftijd hebben om zich in de grote discotheken te vermaken, organiseren hun eigen feestjes vaak buiten op straat, de zogenoemde Block Party's. Een dj met een enorm soundsystem, twee draaitafels en een microfoon verzorgt de muziek en zijn toehoorders splitsen zich in rivaliserende groepjes dansers, breakdansers.

De eerste rappers vervullen eigenlijk dezelfde rol als de 'toasters' in Jamaica: over een door de dj neergelegde ritmetrack hun verhaal doen. Het is niet overdreven te stellen dat de oorsprong van hiphop niet in New York te vinden is maar op Jamaica. De soundsystems, de dj's die met hun instrumentale muziek ruimte bieden voor rappers: op Jamaica bestaat deze traditie al. En het is een in 1967 naar New York gekomen Jamaicaan, DJ Kool Herc, die misschien wel de belangrijkste grondlegger van hiphop genoemd kan worden.

Waar reggae een compleet eigen cultuur creëert – het dragen van rastakrullen, het roken van *ganja* (wiet) en het geloof in *Rastafari* met de uiteindelijke wens voor Jamaicanen terug te keren naar Afrika – kent hiphop drie eigen componenten: rapmuziek, graffiti (de hiphopcultuur komt via de Bronx naar de ander New Yorkers door met kleurrijke verf bespoten metrowagons) en breakdance. Meestal worden rap en hiphop als synoniemen gezien, maar welbeschouwd is rap slechts een onderdeel van hiphop.

Kool Herc draait op zijn soundsystems op straat, bij scholen en in parken aanvankelijk Jamaicaanse reggae, maar daar is in New York weinig belangstelling voor. Hij krijgt pas echt succes als hij latin en funk begint te draaien. En net als het in disco gebruikelijk begint te worden, experimenteert Kool Herc door op twee draaitafels dezelfde plaat te leggen, en bepaalde instrumentale (percussie)breaks te verlengen door ze achter elkaar te draaien. Hieroverheen laat Herc dan zijn raps horen.

Zo ontstaan er vlak bij elkaar min of meer tegelijkertijd twee muziekstijlen, disco en hiphop. Maar hoewel Kool Herc algemeen wordt erkend als pionier, zijn zijn kunsten vergeleken met die van Grandmaster Flash en Afrika Bambaataa te beperkt. Hercs stijl is hard en hij is de trendsetter voor een muziekstijl louter afkomstig van twee-draaitafels-en-een-microfoon.

Grandmaster Flash voegt aan de dj-technieken het zogeheten *scratchen* toe: de plaat snel handmatig terugdraaien wat een krassend geluid geeft, om een bepaald stukje opnieuw af te spelen. Afrika Bambaataa blijkt vooral zeer vindingrijk in het zoeken naar bruikbare breakpassages op minder voor de hand liggende platen. Zo is het Bambaataa die het zwarte New Yorkse publiek als eerste laat dansen op de tot dan toe als kil en soulloos beschouwde elektronische muziek van het Duitse Kraftwerk. Vooral Bambaataa's bewerkingen van het lange *Trans-Europe Express* waardoor hij toespraken van Martin Luther King en Malcolm X mixt, slaan aan, en maken van Kraftwerk een van de belangrijkste leveranciers voor hiphopgrondstoffen. *Trans-Europe Express*, dat in een langzaam tempo een klein kwartier doordendert, zou een kleine tien jaar later ook een belangrijke bron blijken voor house, waarmee de relevantie van Kraftwerk voor de muziekgeschiedenis opnieuw wordt onderstreept.

49 Rapper's Delight

Los van New York zou de rest van de wereld pas kennisnemen van hiphop in 1979 dankzij de monsterhit 'Rapper's Delight' van The Sugarhill Gang. Tot die tijd bestaat rap alleen nog maar op straat. Livemuziek wordt gecreëerd door dj's en er worden hooguit wat cassettebandjes van gemaakt. Er is een entrepreneur voor nodig die er brood in ziet deze nieuwe muziek ook op plaat te zetten. Dat blijkt Sylvia Robinson te zijn die als zangeres en platenbaas al sinds de jaren vijftig actief is in de zwarte muziek.

Via haar kinderen en toevallige bezoekjes aan feestjes raakt ze bekend met rap. Vooral het gebruik om iemand te laten rappen over bekende instrumentale discomuziek staat haar wel aan. Tamelijk lukraak plukt ze een drietal jongens uit haar kennissenkring en laat ze in de studio hun zegje doen op de instrumentale passages uit de toen grote discohit 'Good Times' van Chic. Het zo ontstane 'Rapper's Delight' blijkt een enorm succes, ook buiten de Verenigde Staten. En de kwartier lange versie ervan zou de tot dan toe beste reclame blijken voor het nog altijd betrekkelijk nieuwe medium: de 12 inch-single.

Hoewel 'Rapper's Delight' in veel landen nog als een *novelty hit* gezien wordt (kijk die Amerikanen hier eens gek doen) en de New Yorkse hiphopscene het nummer (terecht) afdoet als saai en slap, legt het platenlabel Sugarhill Records van Sylvia Robinson zich in de komende jaren toe op hiphop die anders dan de Sugarhill Gang wel echt van de straat komt.

Toch duurt het nog even voordat er nog een hit met het kaliber van 'Rapper's Delight' van de persen rolt. Grote raphits zijn zeldzaam. Al snel komt Kurtis Blow met zijn hit 'The Breaks' uit 1980, maar daarna blijkt rap geen enkel gevaar meer voor de hitparades.

Ondergronds gebeurt er echter veel, er duiken steeds meer rappers op die willen verhalen over hun sores die het leven als zwarte in de grote stad met zich meebrengt. Ook zij krijgen een plek in de artiestenstal van Sugarhill. Het zou uiteindelijk Grandmaster Flash zelf zijn – een van de eerste hiphop-dj's – die met zijn Furious Five de volgende grote stap zou zetten in het populariseren van rap.

'It's like a jungle / sometimes it makes me wonder / how I keep from going under', luidt het refrein van 'The Message' dat eind 1982 door Sugarhill Records wordt uitgebracht. Vanaf nu is hiphop niet louter feestmuziek meer, maar kan het ook ergens over gaan. Voor veel ontevreden zwarte jongeren is het zich scholen als rapper de kans om niet alleen hun frustraties te verwoorden maar biedt het ook een uitgelezen kans om aan hun uitzichtloze bestaan te ontsnappen.

Begin jaren tachtig manifesteert de hiphopcultuur zich steeds duidelijker. Het nog lang toonaangevende Sugarhill Records krijgt er in Def Jam een geduchte concurrent bij en artiesten als Run-DMC en LL Cool J maken ook buiten New York naam. Maar hiphop blijkt pas echt tot de mainstream door te dringen als het een verbond sluit met die andere muziekstijl die in de jaren tachtig vanuit het ondergrondse weer een dominante positie weet te verkrijgen: hardrock.

50 Video Killed the Radiostar

Met het liedje 'Video Killed the Radio Star', een hit van de Britse Buggles uit 1979, begint het Amerikaanse clipstation MTV op 1 augustus 1981 zijn uitzendingen op de kabeltelevisie. Vierentwintig uur per dag gaat MTV videoclips uitzenden voor een doelgroep die vooral onder blanke jongeren gezocht wordt, woonachtig in het midwesten van de VS waar kabeltelevisie de overhand heeft.

Het liedje van de Buggles (de band van Trevor Horn, de latere topproducer van onder meer ABC en Frankie Goes to Hollywood) zou in zoverre profetisch blijken dat de videoclip popmuziek beslist een ander aanzien zou geven. Niet langer volstaat een goed liedje met veel radioairplay voor het verkrijgen van een grote hit, ook het beeld wordt gaandeweg steeds belangrijker.

Aanvankelijk heeft MTV de grootst mogelijke moeite met het vullen van hun ongekende zendtijd. Het station programmeert bij voorkeur die artiesten die in de smaak zouden vallen bij de doelgroep: veel blanke rock dus. Maar het aanbod aan Amerikaanse artiesten blijkt veel te beperkt. Het belang van MTV voor promotie van hun muziek wordt door de Amerikaanse muziekindustrie pas laat ingezien. In Europa en met name in Groot-Brittannië zijn ze er veel sneller bij. Bovendien blijkt de uit postpunk voortgekomen New Romantic-beweging, die in de vroege jaren tachtig de Britse hitlijsten domineert, ook nog eens een belangrijke visuele dimensie te hebben.

Voor de New Romantics als Adam & the Ants, Duran Duran, Culture Club, Soft Cell en The Human League is uiterlijk minstens zo belangrijk als de muziek. Extravagante kledij en kapsels, zware make-up: het doet het allemaal erg goed in videoclips, nog even los van het feit dat de New Romantics-hitparadepop met hun sterk op synthesizerklanken leunende liedjes ook muzikaal een nieuwe impuls geven met verfrissende nieuw klinkende pop.

Mede dankzij MTV vinden onder meer Culture Club met de androgyne Boy George als blikvanger, Duran Duran, The Human League en later de Eurythmics een Amerikaanse afzetmarkt voor hun muziek, zoals Britse pop die sinds de zogeheten British Invasion van 1964 (Beatles, Stones, Animals, Who et cetera) niet meer heeft meegemaakt.

De toenemende invloed van MTV op de popcultuur betekent ook dat het voor bands steeds minder urgent wordt om zich zo goed en zoveel mogelijk op concertpodia te manifesteren. Het slopende toeren dat zo veel bands in de VS heeft opgebroken, is niet meer noodzakelijk om naamsbekendheid op te bouwen, een veelgedraaide video op MTV kan volstaan. Dat maakt ook dat het geluid verandert. Bands en artiesten brengen niet langer alleen muziek uit die ze ook live naar behoren kunnen vertolken, ze sleutelen met dure producers langdurig aan typische studioproducten waar dan clips bij gemaakt worden. Het zou de jaren tachtig tot op de dag van vandaag het imago van lege, klinische en plastic pop geven, een decennium waarin alleen de verpakking en de buitenkant van popmuziek ertoe doen, en rock-'n-roll steeds meer wordt gedevalueerd tot iets oppervlakkigs. Acteertalent voor videoclips lijkt belangrijker te worden dan muzikale ambities. Waarachtige emoties spelen in pop van de vroege jaren tachtig steeds minder een rol.

51 Michael Jackson, Madonna en Prince

Cynici kondigen ook in Nederland in 1983 al voorzichtig het einde der tijden aan voor de popmuziek als belangwekkende kunstvorm. Popmuziek zou worden gedomineerd door eendagsvliegen, voor wie uiterlijk vertoon belangrijker is dan muzikale inhoud. En waar blijven de echt grote nieuwe wereldsterren zoals de jaren zeventig die met David Bowie en Queen nog hebben gekend?

Die zouden zich aanstonds melden in de personen van Michael Jackson, Madonna en Prince, en alle drie zijn ze mede tot superster gemaakt door MTV. Maar daarvoor moet het popstation eerst nog even af van hun hardnekkige weigering clips van zwarte artiesten uit te zenden. Hoewel nooit bewezen, zou de platenmaatschappij van Michael Jackson, Epic, het station onder druk hebben gezet: wanneer ze zouden blijven weigeren de single 'Billie Jean' van de zwarte Michael Jackson uit te zenden, dan zou Epic geen clips meer leveren.

Mogelijk. In ieder geval is Michael Jackson de eerste zwarte popster wiens muziek door MTV nadrukkelijk gepromoot wordt. Mede dankzij MTV, dat Jacksons zeer sterke clips van niet alleen 'Billie Jean' maar ook 'Beat It' en 'Thriller' uitzendt met daarin ruim baan voor Jacksons onnavolgbare danspasjes, zou de gewezen Motown-tienerster ook het blanke mainstream poppubliek voor zich weten te winnen. Het album *Thriller* van eind 1982 wordt het bestverkopende popalbum aller tijden, en Michael Jackson de eerste superster van de jaren tachtig. Iets wat niet helemaal toevallig is, want Jackson heeft in 1979 al samen met producer Quincy Jones het magistrale en achteraf baanbrekende discopopalbum *Off the Wall* opgenomen. Vanaf zijn eerste hits met zijn oudere broers in The Jackson 5 eind jaren zestig is al duidelijk dat Michael Jackson een grote toekomst te wachten staat. Ook het album *Bad* uit 1987 breekt talloze verkooprecords. In de jaren negentig laat Jackson echter steeds meer zien de druk die behoort bij het sterrendom geestelijk niet aan te kunnen. De zelfgekroonde *King of Pop* komt vanaf de jaren negentig vooral in het nieuws waar het plastische chirurgie, omgang met minderjarigen en zijn excessieve consumptiegedrag betreft, terwijl zijn steeds schaarser wordende nieuwe liedjes steeds minder effect sorteren.

In de jaren tachtig echter gaan zijn artistieke en commerciële succes nog hand in hand, en doet zijn doorbraak juist de zwarte popcultuur veel goed. De danspasjes op de oplichtende tegels in 'Billie Jean' worden door blank en zwart over de hele wereld geïmiteerd.

Wat Michael Jackson voor de zwarte popmuziek betekent, zou Madonna voor de rol van de vrouw in de popmuziek betekenen. Madonna Louise Ciccones grootste kwaliteit is dat ze heel goed het visuele aspect van de popcultuur weet uit te buiten. Ze is danseres in het New Yorkse clubcircuit, waar ze wordt ontdekt door Seymour Stein (ook verantwoordelijk voor The Ramones). Hij ziet in haar aanvankelijk een soort new wave-zangeres, die dankzij haar uitzonderlijke visuele eigenschappen precies goed kan passen in het steeds meer door videoclips gedomineerde poplandschap. Haar definitieve doorbraak komt in 1984 met de hit 'Like a Virgin' en in 1985 met de clip van 'Material Girl' met Madonna als Marilyn Monroe.

Madonna weet zich steeds meer als sekssymbool te manifesteren, maar lijkt dat juist te doen met feministische intenties. Ze wil door het demonstreren van seksualiteit juist vragen stellen over de rol van de vrouw in de popcultuur. Dankzij Madonna's clips, en haar rol in bijvoorbeeld de film *Desperately Seeking Susan*, met daarin nog altijd Madonna's beste hit, 'Into the Groove', raakt lingerie in de mode en durven vrouwen in pop openlijker hun seksualiteit te tonen.

Waar Michael Jackson MTV voor de zwarte popcultuur openstelt, en Madonna voor seksualiteit, duikt er eind 1982 een fenomeen op genaamd Prince. Hij weet beide aspecten nog eens uit te vergroten en er ook muzikale vernieuwingen aan toe te voegen.

Prince heeft onder liefhebbers van zwarte funk en soul al naam gemaakt met hits als 'Dirty Mind' en 'Controversy' maar zou in 1982, ook dankzij MTV, pas een eerste voorzichtige doorbraak naar het grote rockpubliek weten te forceren met zijn vijfde album, de dubbel-lp 1999. Nog veel succesvoller wordt de daaropvolgende plaat *Purple Rain*, een knappe verzameling songs die ook dienstdoet als soundtrack van een semiautobiografische Prince-film onder dezelfde naam.

Muzikaal verenigt Prince de onnavolgbare gitaarkwaliteiten van Jimi Hendrix met het compositorische talent van The Beatles, terwijl hij op het podium de seksualiteit van een James Brown koppelt aan de uitzinnigheid van Little Richard. De expliciete seks op zijn platen en bij zijn optredens krijgen bij Prince haast religieuze allure, en zijn muziek klinkt in tegenstelling tot de discovarianten van Madonna en Michael Jackson ook echt anders. Het maakt Prince midden jaren tachtig tot lieveling van de rockjournalistiek: hier is eindelijk iemand die niet alleen heel succesvol is bij het grote publiek maar ook nog eens iemand die dat geworden is met muziek die compleet vernieuwend klinkt.

52 Walk This Way

Het houdt in de eerste helft van de jaren tachtig verder niet over met vernieuwingen in de popmuziek. Reggae en funk worden weliswaar steeds vaker geïntegreerd in succesvolle pophits van bijvoorbeeld The Police, Culture Club en Talking Heads – bands die voortkomen uit de postpunk of new wave aan het einde van de jaren zeventig – maar van de laatste echt nieuwe stroming in de popmuziek, hiphop, is in 1985 ook al een paar jaar weinig meer vernomen.

Toch borrelt het ondergronds nog altijd behoorlijk in de hiphop, net als in een ander genre, de hardrock. Het zouden deze al dan niet samengevoegde genres zijn die de tweede helft van de jaren tachtig muzikaal een nieuwe kleur geven. Voor een groot deel verantwoordelijk hiervoor is één man, Rick Rubin. Hij is midden jaren tachtig met Russell Simmons oprichter van het Def Jam-label, en hoewel ook hij de potentie van hiphop goed aanvoelt, is hij van huis uit vooral een liefhebber van hardrock. Rapcrews als Run-DMC gebruiken vaak hardrockplaten van Led Zeppelin of Aerosmith om te scratchen, en op een gegeven moment krijgt Rubin een geniale ingeving: het intro van Aerosmiths 'Walk This Way' dat Run-DMC al gebruikt, wat langer te laten staan om er dan overheen te laten rappen. Dat pakt zo goed uit dat Run-DMC met Aerosmith samen het nummer 'Walk This Way' in 1986 opnieuw opneemt, en er een videoclip voor maakt waarin beide bands samen te zien zijn. Een oude blanke hardrockband samen met een nieuwe hiphopband: het is het ei van Columbus. 'Walk This Way' maakt hiphop acceptabel voor het rockpubliek en rock voor de hiphopfans. Hardrock of heavy metal en rap gaan juist zo goed samen omdat het beide nog genres zijn die vooral ondergronds floreren en niet zozeer door de grote media zijn ingekapseld.

Voor de definitieve acceptatie van hiphop bij het grote (blanke) rockpubliek is, zoals eerder bij rock-'n-roll (Elvis Presley), een blanke rapcrew nodig. Die vindt Rubin in de Beastie Boys, een gewezen stel hardcorepunks uit Brooklyn. Op hun onder productionele leiding van Rubin voor Def Jam uitgebrachte debuut-lp *License to Ill* (1986) vloeien metal, rock-'n-roll en hiphop op buitengewoon knappe wijze in elkaar over. Rap is definitief doorgebroken, nu ook blanke kids zich erdoor laten meeslepen, terwijl de rockliefhebbers zich aangesproken voelen door de rauwe aspecten, zoals harde gitaren, die ze in de vroegste hiphopproducties niet horen.

Zo gebeurt het dat Rick Rubin niet meer alleen door rappers gevraagd wordt voor productieklussen maar ook door typische heavy-metalbands. In 1986 gaat hij bijvoorbeeld de studio in met Slayer. Het album *Reign in Blood* dat hiervan het resultaat is, blijkt een mijlpaal in de heavy-metalgeschiedenis. Wanneer Rubin binnen Def Jam een machtsstrijd verliest gaat hij zich op een nieuw label, Def American (later American Recordings), vooral toeleggen op het produceren van stevige rockbands als The Black Crowes, Masters of Reality en Danzig. Los van al die rockbands (zijn productie van *Blood Sugar Sex Magik* van de Red Hot Chili Peppers uit 1991, behoort tot zijn beste werk) zou hij het meeste aanzien krijgen door de platen die de laatste van Johnny Cash zouden blijken. Diens *American Recordings* waarop een sober begeleide Cash liedjes van rockbands en -artiesten uiteenlopend van Nick Cave en Nine Inch Nails tot aan U2 vertolkt, vormen een fraaie zwanenzang in het oeuvre van Cash, die in 2003 overlijdt.

53 Heavy metal

De voorliefde voor metal van Rick Rubin is niet zo heel opmerkelijk want op het breukvlak van de jaren zeventig en tachtig is heavy metal naast punk de muziek bij uitstek voor losgeslagen pubers. Wat metal- en punk-fans met elkaar gemeen hebben is vooral een weerzin tegen disco ener-zijds en tegen de veel te complexe symfonische rock van bands als Pink Floyd, Yes en Genesis anderzijds.

Maar waar punks eigenlijk alle muziek van voor 1976 in de ban doen, blijven metalliefhebbers wel degelijk trouw aan bands die hardrock begin jaren zeventig gestalte hebben gegeven. Black Sabbath, AC/DC en Thin Lizzy bijvoorbeeld blijven populair, en zouden in 1974 een band uit Bir-mingham, Judas Priest, inspireren, een van de eerste typisch Britse heavy-metalbands. Het geluid wordt bepaald door de steenharde gitaarriffs en de hoge vocalen van zanger Rob Halford. Anders dan voor de eveneens harde punkmuziek, moet je voor heavy metal wel een instrument kunnen bespelen. Gitaarsolo's – in punk uit den boze – zijn hier bijna heilig.

Wat de jonge metalliefhebbers wel van punk hebben meegekregen is het zogeheten do it yourself-ethos: in eigen beheer platen uitbrengen, zelf tours organiseren en eigen muziekblaadjes uitgeven. Zo kan er in Groot-Brittannië naast punk, en new wave een parallel universum ont-staan met eveneens nieuwe muziek, die al snel *New Wave of British Heavy Metal* gedoopt wordt. Belangrijkste vertegenwoordigers zijn Saxon, Dia-mond Head, Def Leppard en Iron Maiden, die alle rond 1980 debuteren.

Niet alleen in Europa slaat deze nieuwe heavy-metalmuziek aan, ook in de Verenigde Staten, waar de jeugd een beetje moe wordt van hun eigen Kiss en Van Halen. Deze bands zijn voor velen veel te groot en dus duur geworden zijn. Voor jonge metalfans vertegenwoordigen zij te veel het establishment. Ze zoeken eigen nieuwe bands, en die vinden ze in de nieuwe lichting metalmuzikanten. Een volwaardige punkbeweging zoals de Britten die hebben gekend, gaat eigenlijk aan de Amerikanen voorbij.

Pas in 1981 zouden bands vanuit Washington DC (Minor Threat) en Los Angeles (Black Flag en Dead Kennedys) de basis leggen voor punk, die alleen geen punk mag heten maar hardcore. Punk doet te veel denken aan wat de radicalen daar slappe pop vinden van The Sex Pistols en andere jaren-zeventigbands.

Wie in de VS een bandje wil beginnen begint dan ook meestal een heavy-metalband, met een geluid dat zowel geworteld is in de nieuwe Britse heavy-metalvoedingsbodem als in het nog rudimentairdere rock-'n-rollgeluid van AC/DC en Motörhead.

Het Australische AC/DC is in wezen een archetypische boogieband. Het geluid wordt gedragen door de weergaloze rock-'n-rollriffs van Angus Young en zanger Bon Scott. Hun 'Highway to Hell' is een typische jaren-zeventig-hardrockklassieker. De echte doorbraak in de VS vindt vreemd genoeg plaats met het album *Back in Black* dat AC/DC in 1980 uitbrengt, met een andere zanger, Brian Johnson, ter vervanging van de aan drank en drugs bezweken Scott.

De plaat zou tot op de dag van vandaag voor Amerikanen die een rockband willen beginnen een van de meest invloedrijke rockplaten blijken te zijn.

Dat is Motörheads *Ace of Spades* uit hetzelfde jaar ook voor de Britten, alleen wordt deze band die door zanger-bassist Lemmy Kilmister in 1975 wordt opgericht nooit echt als heavy metal beschouwd. Lemmy zelf vindt zijn trio ook meer punk dan metal, en weet het aan de te lange haren dat hij nooit als punk serieus is genomen. Voor veel jonge metalfans is de band domweg al te oud, als ze in 1981 zelfs de eerste plaats behalen met hun livealbum *No Sleep 'til Hammersmith*.

Amerikanen kijken hier heel anders tegenaan, en ontwikkelen een eigen stijl waarin de pijlsnelle gitaarriffs van Motörhead worden gekoppeld aan het heavy-metalgeluid van Black Sabbath en hun opvolgers. Deze variant, *thrash metal*, kent in bands als Slayer en Metallica hun grootste wegbereiders. Slayer zou Rick Rubin op zijn pad vinden, en met *Reign in Blood* (1986) en het twee jaar later verschenen *South of Heaven* een blauwdruk neerleggen voor de metalvariant die *speed metal* is gaan heten.

Ook Metallica behoort tot de speed-metalpioniers in de jaren tachtig, maar zou uiteindelijk minder meedogenloos gaan klinken dan Slayer. De band deinst niet terug voor een ballad op zijn tijd ('Nothing Else Matters') en weet vanaf het begin van de jaren negentig zelfs grote stadions te vullen.

Het is drummer Lars Ulrich die als hij met zijn ouders vanuit Denemarken naar de VS emigreert, zijn platencollectie als basis gebruikt voor Metallica. In die collectie zitten nauwelijks bekende bands als Saxon en Diamond Head. En hoe groot heavy metal als genre in de jaren negentig in de VS ook wordt, Metallica is altijd blijven roepen dat ze zonder hun vaak obscure Britse voorbeelden nooit zou zijn geworden wat ze tot op de dag van vandaag zijn: de grootste heavy-metalband ter wereld.

54 Hardcore en *alternative rock*

Thrash of speed metal zoals die in de VS wordt beoefend is ook vooral een reactie op de hardrock van bands die voor metalfans vooral klinkt als een slappere versie van Van Halen en Aerosmith en die in de jaren tachtig dankzij MTV razendpopulair worden: Quiet Riot, Mötley Crüe, Bon Jovi en, iets later, Guns N' Roses. Vanwege hun opgeföhnde kapsels worden deze bands ook wel *hairbands* genoemd. Speed-metalfans willen daar net zomin iets mee te maken hebben als de jaren-zeventighardrockfans met de glamrock van The Sweet en Mud.

Hoe kinderachtig de muziek van hairbands ook gevonden wordt, ze zijn wel mateloos populair. Dat is echter niet het enige wat rebellerende tieners er niet aan bevalt. Wat velen ervan weerhoudt zijn precies dezelfde zaken die hen ook weerhoudt van heavy metal: clichématige gitaarsolo's, machogedrag op het podium, vrouwonvriendelijke teksten en een gebrek aan maatschappelijk engagement.

Ook thrash en speed metal lijken al snel een soort sjabloonmuziek te worden waarin echte muzikale vrijheid ver te zoeken is. Metal krijgt in rap tempo een eigen (overigens grote) scene, met eigen codes en kledingstijl. Wie jong is, opgroeit in de Amerikaanse suburbs en echt wil experimenteren met popmuziek vlucht in de hardcore. Tegenwoordig worden daaronder vooral de snelle punksongs van Black Flag, Dead Kennedys, Minor Threat en hun opvolgers gerekend. In 1981, het jaar dat algemeen wordt beschouwd als het jaar 0 voor de Amerikaanse hardcore – zoals 1976 dat was voor Britse punk –, kan hardcore echter nog alle kanten op.

Van het meer traditioneel rockende X in Los Angeles, tot de furieuze pop van Hüsker Dü in Minneapolis. Van het New Yorkse door componisten uit de minimale muziek als Steve Reich en Glenn Branca beïnvloede Sonic Youth, tot de dronkenmansrock-'n-rollerupties van The Replacements. Allemaal worden ze begin jaren tachtig als *hardcore* beschouwd. De enige band die in het roemruchte jaar 1981 debuteert en geen hardcoreverleden lijkt te hebben, is R.E.M.

Deze band uit Athens, Georgia zou in de jaren tachtig uitgroeien tot belangrijkste vaandeldrager van wat wel *alternative rock* wordt genoemd. Rockmuziek die niet zozeer op de grote FM-radiostations en MTV te horen en zien is, maar vooral op studentencampussen, en *college radio* mateloos populair is. R.E.M. biedt een alternatief voor de steeds gelijkvormiger klinkende hitparadepop zoals die in de jaren tachtig wordt gemaakt door bands als Huey Lewis & the News, Twisted Sister en Bon Jovi. Navolging krijgt R.E.M. op den duur van 'hardcore'-bands als Hüsker Dü, The Replacements en Sonic Youth, die elk op hun eigen manier steeds minder compromisloos gaan klinken. De Amerikaanse rockunderground wordt dankzij talloze nieuwe kleine platenlabels als SST, Dischord, Touch & Go en Sub Pop gaandeweg de jaren tachtig steeds groter, en niet alleen R.E.M. verkoopt van ieder album meer dan het dubbele dan van het voorgaande. Er zou een keer een moment aanbreken dat alternative rock of punkrock niet meer alternatief maar mainstream zou worden.

Dat moment vindt plaats in het najaar van 1991 als een bandje dat twee jaar eerder nog op Sub Pop debuteerde, met hun tweede album op de eerste plaats van de Amerikaanse hitparade (en later ook in andere landen) komt, ten koste van Michael Jackson. De band heet Nirvana, de plaat *Nevermind*.

55 Van ondergronds naar wereldtop: The Police en U2

Wat Nirvana in de jaren negentig doet – als alternative-rockband doorbreken naar de mainstream – hebben The Police en U2 in de jaren tachtig in Europa ook voor elkaar gekregen. Beide bands komen voort uit de punkbeweging, niet zozeer muzikaal maar wel in mentaliteit. The Police uit het Britse Newcastle en U2 uit het Ierse Dublin waren toen ze begonnen twee van de vele new wave-bands die met veel spelen in kleine zaaltjes naam probeerden te krijgen.

Wat The Police van meet af aan bijzonder maakt is naast de merkwaardig hoge, wat wanhopige stem van Sting, de knappe manier waarop de band reggaeritmes integreert in rockcomposities. De band bestaat naast Sting uit drummer Stewart Copeland en gitarist Andy Summers, beiden hebben al een behoorlijke loopbaan in rockmuziek achter de rug. Anders dan veel andere bands die eind jaren zeventig onder de noemer punk of new wave worden geschaard, kunnen de drie Police-leden dus wel erg goed spelen. Bovendien zet de band meteen een fris nieuw geluid neer.

De eerste singles, 'Roxanne' uit 1979 en 'So Lonely' uit 1980, worden grote hits omdat het zowel nieuw als goed gespeeld is. Voorvechters van de nieuwe muziek vallen ervoor, want ja, zoiets hebben ze nog nooit gehoord. De traditionalisten bezwijken ook weer omdat alles muzikaal zo knap in elkaar steekt.

In een paar jaar tijd zou de hele wereld van The Police kennisnemen, ze zijn met talloze hitsingles tot 1983 verreweg de populairste van de nieuwe lichting rockbands. Met hun vijfde en laatste album Synchronicity uit 1983 en de single 'Every Breath You Take' bereiken ze zelfs de Amerikaanse eerste plaats. Op de top van hun populariteit gaat het mis tussen de drie. Sting eist steeds meer de rol van bandleider op, waar de andere twee snel genoeg van krijgen. Hij ontwikkelt zich tot een zeer succesvol soloartiest maar zou nooit meer het niveau van The Police halen.

Hoewel nooit officieel uit elkaar staat de band als drietal bijna vijfen-

twintig jaar niet meer op het podium, voordat er in 2007 een uiterst succesvolle reünietournee plaatsvindt.

U2, die ongeveer tegelijkertijd met The Police voor het eerst samen-
komt, bestaat nog altijd, en speelt ook al enkele decennia in dezelfde stadions en sporthallen die The Police aandoet. Maar hun succes komt ook
niet zo snel als dat van The Police. Als U2 in 1980 debuteert met het album
Boy worden ze door de critici al snel ingedeeld bij vooral Britse new wave-
bands als Echo & the Bunnymen, The Cure en The Sound. Bands die in de
geest van de punk spelen maar melodischer klinken en met een veel breder geluid. Het zijn in 1980 en 1981 de hoogtijdagen van het doemdenken.
Vredesdemonstraties, betogingen tegen kruisraketten en kernenergie en
de angst voor 'De Bom' houden ook popmuzikanten bezig. De soundtrack voor deze gebeurtenissen wordt geleverd door de doemrockband bij
uitstek, Joy Division uit Manchester, waarvan de zanger Ian Curtis in mei
1980 zelfmoord pleegt. Bands als The Cure en The Sound hebben dezelfde bevlogen somberte in hun muziek, maar achteraf is het merkwaardig
dat U2 ook tot hen wordt gerekend.

De hemelbestormende zang die U2's Bono nog altijd kenmerkt is er al
vanaf een van de eerste singles, 'I Will Follow'. U2 verklankt het tegenovergestelde gevoel van doemdenken, namelijk hoop en optimisme. Ze
zouden hun tijdgenoten in populariteit dan ook al snel ontgroeien, niet
alleen vanwege hun optimistische boodschap, maar ook omdat U2 een
ontwapenende passie uitstraalt, op de plaat en op het podium.

Vanaf het moment dat The Police van het wereldtoneel verdwijnt,
breekt U2 erop door. Het warme enthousiasme van zanger Bono, die bij
ieder optreden, hoe groot ook, het hele publiek lijkt te willen omarmen en
moed te willen inzingen, en de lyrische gitaarpartijen van The Edge vormen al jaren een constante in de muziek. Samen met de hechte ritmesectie ontstaat er in de vroege jaren tachtig al een soort chemie die tot op de
dag van vandaag niet is uitgewerkt. De band blijft zichzelf vernieuwen.
Van new wave en David Bowie verlegt U2 zijn interesse naar blues, soul en
Bob Dylan. De teksten gaan ergens over, zoals de Ierse kwestie in 'Sunday
Bloody Sunday' of Martin Luther King in 'Pride (In the Name of Love)', in
Bono's stem klinkt altijd een grote betrokkenheid door. Met het zesde album, *The Joshua Tree*, levert de band in 1987 zijn artistieke meesterproef af,
en breekt ook in de Verenigde Staten door.

56 De alternatieve tegenhangers R.E.M. en The Smiths

De Britse en de Amerikaanse postpunk hebben medio jaren tachtig ieder hun eigen gitaarband opgeleverd die tot op de dag van vandaag invloed hebben op de popmuziek, zonder dat ze de populariteit van een U2 of een Police zouden behalen. Maar zowel R.E.M. uit Athens, Georgia als The Smiths uit Manchester, Engeland is het grote voorbeeld voor iedere aspirant-popgroep die zijn onvrede met de door MTV en synthetische wegwerpliedjes gedomineerde popcultuur wil uiten. Dit door middel van melodisch sprankelende gitaarpop en een voordracht die bezieling en geloof in de eigen muziek uitstraalt, in plaats van een grote behoefte superster te worden.

Zowel R.E.M. als The Smiths heeft een enigmatische voorman. Maar waar het bij R.E.M.'s Michael Stipe vaak onduidelijk is waar hij nu eigenlijk over zingt, weet Morrissey van The Smiths direct het hart en de ziel van de tobbende, naar liefde en begrip zoekende adolescent te raken. Morrissey biedt troost aan de Britten die opgroeien in het Thatcher-tijdperk waarin er geen ruimte is voor kanslozen. Waar de pop rondom The Smiths steeds hedonistischer, leger en vlakker klinkt – dankzij Duran Duran en de producties van Stock, Aitken & Waterman (Kylie Minogue, Rick Astley), met liedjes waarmee niemand zich meer kon identificeren – zingt Morrissey alsof hij zich een van hen voelt: ook ongelukkig, snakkend naar een beetje liefde en vol haat jegens het bewind in zijn land.

Dat doet R.E.M. in de Verenigde Staten iets cryptischer maar de band wordt vanaf zijn debuut *Murmur* uit 1983 met iedere plaat populairder. Hun beste album, *Life's Rich Pageant* uit 1986, levert de band nog vooral kritische roem op, pas met de platen die erop volgen – *Document* en *Green* – komen er de eerste hitjes. Pas echt groot wordt R.E.M. dankzij het liedje 'Losing My Religion' van hun doorbraakplaat *Out of Time* uit 1991. Naast Nirvana's 'Smells like Teen Spirit' mag dit tot de grootste hits van 'alternative-rockbands' gerekend worden.

R.E.M. blijft daarna altijd nog met redelijk succes platen maken. The Smiths gaan na de opnamen van hun vierde studioalbum, *Strangeways Here We Come*, uit elkaar. Morrissey is nog altijd actief als soloartiest maar bewezen is wel dat hij zonder gitarist Johnny Marr, die voor The Smiths alle muziek componeert, nooit meer het niveau haalt van nummers als 'This Charming Man' of 'There Is a Light That Never Goes Out'.

Hoewel The Smiths in hun dagen relatief weinig platen verkopen en nooit een nummer één-hit hebben, is het belang voor de popgeschiedenis groot. In eigen land worden ze naast The Beatles als belangrijkste Britse popgroep ooit gezien, en hun derde plaat, *The Queen Is Dead*, uit 1986 geldt nog altijd als een mijlpaal in de popgeschiedenis.

57 Live Aid

Een andere mijlpaal is Live Aid, het door Bob Geldof in juli 1985 georgani-
seerde popevenement met de bedoeling geld in te zamelen voor hulp aan
hongerend Afrika, wereldwijd op televisie te zien. Het is het grootste live-
concert ooit op televisie. Overdag zijn er concerten in het Londense Wem-
bley en 's avonds in Philadelphia. Het is een aaneenschakeling van grote
namen: van U2 tot Sting en van Led Zeppelin tot Phil Collins.

Sommigen bakken er niets van (Crosby, Stills & Nash en Led Zeppelin), anderen breken er wereldwijd mee door (U2). Meest opvallend is de
wederopstanding van Queen. De band die in de jaren zeventig furore
heeft gemaakt met 'Bohemian Rhapsody' en in die tijd tot de grootste
hardrockbands wordt gerekend, is de jaren tachtig zoekend in gegaan.
De band flirt wat met disco en filmsoundtracks en ziet steeds meer rock-
fans van het eerste uur van zich vervreemden.

Op Live Aid blijkt er ineens een buitengewoon hechte rockband te spelen, met zanger Freddie Mercury in een glansrol. Zijn hoge, door opera-
zang gevormde stem klinkt ineens weer even overtuigend als het gitaarspel van Queens Brian May. De band die bestemd leek voor het 'gouwe
ouwen'-circuit, blijkt met gemak een heel stadion aan hun voeten te krijgen, en zou door het poppubliek overal ter wereld weer in de armen worden genomen.

De gevolgen van Live Aid strekken verder. Popmuziek is niet langer iets
voor de jeugd alleen. Hele families zitten die warme zaterdag in juli tegelijk voor de buis. Er zijn namen voor de ouders naast nieuwe sterren waar
de jeugd mee wegloopt. Allemaal gezamenlijk, allemaal voor een goed
doel. Daarmee lijkt de generatiekloof beslecht. Met popmuziek kan de
jeugd zich eigenlijk niet meer van hun ouders afzetten. Rock-'n-roll is ver-
maak voor het hele gezin geworden. Het aspect van rebellie tegen het establishment dat altijd zo inherent was aan rock-'n-roll, maakt plaats voor
saamhorigheid. Voor popmuziek als uiting van verzet tegen de maat-

schappij is even geen ruimte meer. Dankzij Live Aid is het verzet van rock-muzikanten tegen die maatschappij geïnstitutionaliseerd. De bedoelingen van Geldof zijn om te laten zien hoe begaan rockmuzikanten zijn met de hongersnood in Afrika, maar het resultaat is dat de optredende artiesten merken hoe goed het optreden voor hun eigen carrière is en er in het vervolg ook naar zouden handelen. Popmuziek is subcultuur af, het zou meer dan voorheen big business worden.

Na Live Aid blijkt de vraag naar livemuziek in grote stadions steeds groter. Voor rock-'n-roll hoeft de oudere popliefheber niet meer naar rokerige zaaltjes, afgestemd op de behoeften van de jeugd. Lekker gezellig met het hele gezin naar The Rolling Stones in de Kuip kan ook.

Live Aid heeft een hele generatie rockliefhebbers die klaar lijken met de muziek van hun jeugd weer weten te enthousiasmeren. Aangezien net in diezelfde tijd de compact disc opkomt, die hen in staat stelt hun favoriete muziek met opgepoetst geluid opnieuw aan te schaffen, herpakken wereldwijd miljoenen mensen hun liefde voor muziek.

58 Bruce Springsteen en de opkomst van megaconcerten

Grote namen als Bob Dylan, David Bowie en The Rolling Stones hebben in Nederland ook vóór Live Aid in het Feyenoord-stadion opgetreden (Bob Dylan heeft er in 1978 zelfs zijn eerste Nederlandse optreden). Maar na Live Aid is het iedere zomer raak. Michael Jackson, Madonna en Prince bewijzen er hun sterrenstatus ook in dergelijke ambiances makkelijk waar te kunnen maken. Een band als U2 lijkt zich naarmate de zalen of de stadions groter worden juist beter te profileren als grootse liveband.

Dat heeft U2 gemeen met Bruce Springsteen, de rocker uit New Jersey die midden jaren zeventig 'the future of rock-'n-roll' wordt genoemd, en die in juni 1985, een maand vóór Live Aid, twee uitverkochte concerten in de Rotterdamse Kuip geeft. Net als met U2 gaat het met Springsteen geleidelijk. Zijn derde album, Born to Run, heeft bij critici en publiek in 1975 aan alle twijfels een einde gemaakt. Hij is niet een zoveelste Dylan-epigoon maar een eigenzinnig songschrijver die zich goed kan inleven in de sores van de 'gewone' hardwerkende man. Een uitmuntend zanger, met een krachtige volle stem die zowel bezeten als teder en innemend kan klinken.

Berucht worden in 1975 al Springsteens marathonconcerten. Ook in Nederland geeft hij na zijn voorzichtige doorbraak met The River, in april 1981, twee onvergetelijke concerten. Springsteens livereputatie is al snel veel groter dan zijn plaatverkoop doet vermoeden, maar in 1984 breekt hij definitief door met het album Born in the USA. Niet zijn beste plaat, wel de plaat waar radiovriendelijke singles op staan. Dankzij de videoclip van 'Dancing in the Dark' is Springsteen veelvuldig op MTV te zien, waardoor een heel nieuw publiek met hem kennismaakt.

Dankzij MTV en vooral Springsteens bijdrage aan de benefietsingle 'We Are the World' wordt Bruce Springsteen ook in Nederland ongekend populair. Deze populariteit, gevoegd bij zijn livereputatie, biedt geen andere mogelijkheid dan Springsteen te boeken in een voetbalstadion in plaats van een concerthal. Hoewel hij die populariteit nooit heeft weten te evenaren geldt hij nog altijd als een van de groteren in de rock-'n-roll. Met of zonder zijn vermaarde E Street Band brengt hij gestaag platen uit die laten horen dat hij nooit de gemakkelijkste weg kiest, maar altijd nieuwe uitdagingen zoekt. Het in 2007 verschenen *Magic* blijkt een nieuw hoogtepunt in zijn oeuvre.

Maar Bruce Springsteen is vooral een artiest die je live moet ondergaan. Waar de meeste artiesten gedijen bij de intimiteit van de kleine concertzaal, en naarmate ze groter moeten of willen ook aan zeggingskracht inboeten, wint Springsteen juist aan betekenis wanneer zijn publiek ook groter wordt.

Dat is wat hij gemeen heeft met U2 en net als bij hen zijn het bij Springsteen in stadions nooit de showelementen die het hem doen. Springsteen doet eenvoudigweg niet aan show: hij speelt rock-'n-roll tot hij erbij neervalt, en dat maakt hem uniek. Van de Stones tot Michael Jackson en van Prince tot Madonna, bouwen megasterren de stadions vol met zinnenprikkelende decors, terwijl de podia worden volgestouwd met dansers, koortjes en andere visuele opvulelementen. Bruce Springsteen bewijst als eerste, dat je ook zonder alle showelementen kunt imponeren, en dat stadionconcerten ook alleen om de muziek de moeite waard kunnen zijn.

59 Het zwarte 'gevaar'

De mainstream in de popmuziek wordt in de tweede helft van de jaren tachtig groot en heeft een flink aantal voorheen alternatieve rockbands opgeslokt. Bon Jovi en Madonna behoren tot dezelfde familie als U2 en Bruce Springsteen. De popindustrie is na aan het begin van het decennium in een crisis te hebben verkeerd, weer hevig opgebloeid dankzij de introductie van de cd. De muziekmarkt wordt niet meer vooral bepaald door het aanbod van nieuwe muziek, maar steeds meer door oude platen die op cd verschijnen. Hele collecties worden vervangen door het publiek van babyboomers dat de binding met popmuziek kwijt is geraakt.

De voor popmarketing verloren gewaande groep consumenten heeft hun liefde voor popmuziek hervonden, gaat weer massaal naar popconcerten en koopt naast cd's van platen die ze al kennen, nieuwe platen van Dire Straits, Sting of Eric Clapton. Het lijkt zelfs alsof iedere rockliefhebber tegelijk met een cd-speler *Brothers in Arms* (1985) van Dire Straits aanschaft, een plaat die lange tijd de bestverkochte cd aller tijden zou zijn.

Popmuziek is niet alleen steeds meer voor alle generaties aantrekkelijk, het is ook overal aanwezig. Met de opkomst van MTV en helemaal sinds Live Aid hoef je nooit meer zoals vroeger een week te wachten op een halfuur *Toppop*. Popmuziek is alom aanwezig en voor iedereen beschikbaar.

Dat heeft als grote nadeel, dat rockmuziek steeds vlakker en ziellozer begint te klinken. Het grote publiek kiest voor goed geproduceerde geruststellende muziek, waarmee ze hun cd-installaties thuis kunnen uitproberen. Rock-'n-roll is een tamelijk doodse boel aan het eind van de jaren tachtig, en juist omdat de verwaterde rockderivaten zo populair worden, ontbreekt in toenemende mate onder jongeren de behoefte om zich ermee te identificeren.

De spanning, het gevaar en het avontuur zitten niet meer in (blanke) grote rockbands en hun zucht naar megastatus. De status van Prince als vernieuwer blijft eind jaren tachtig gehandhaafd, hij levert met de dubbel-lp *Sign o' the Times* in 1987 zijn beste prestatie. Maar voor het verdere avontuur in rock-'n-roll zorgen eind jaren tachtig vooral zwarte bands en muzikanten afkomstig uit of aangeraakt door de hiphopcultuur. Vooral de New Yorkse band Public Enemy heeft een enorme impact op de rockmuziek. Beastie Boys en Run-DMC hebben al hits gehad, en het publiek is al enigszins gewend geraakt aan hiphop. Maar Public Enemy klinkt harder, rauwer en gemener. Hun militante maar zeer opzwepende muziek raakt niet alleen een snaar bij (zwarte) hiphopfans maar misschien nog wel meer bij (blanke) rockliefbbers die bij hen het rebellerende dat uit de rock-'n-roll is verdwenen, terugvinden. Platen als *It Takes a Nation of Millions to Hold Us Back* (1988) en *Fear of a Black Planet* (1990) klinken even opruiend als de titels beloven. Chuck D klinkt in nummers als 'Fight the Power' en 'Bring the Noise' vervaarlijk agressief en onontkoombaar. Het blanke rockestablishment heeft in Public Enemy een tegenstander om rekening mee te houden. Kom op met dat nieuwe geluid, tijd voor een revolutie, lijken ze te zeggen. Bring The Noise.

60 De kruisbestuiving tussen rock en hiphop

Voorzichtige vernieuwingen in de rocksound hebben zich al aangediend met de Red Hot Chili Peppers, een blanke harde rockband die zich heeft laten inspireren door de funk van George Clinton. Op hun zeer invloedrijke album *The Uplift Mofo Party Plan* wordt dat bewezen met hard funkende, bijna zwart klinkende rock.

Maar er zijn ook zwarte bands (Living Colour, Bad Brains, Fishbone) behept met jazz, reggae of funk die zich juist door blanke rockstijlen als punk en metal laten beïnvloeden, om zo een ongehoorde mix van stijlen ten gehore te brengen. Maar een rockband die dit ook allemaal doet en zich daarnaast ook nog nadrukkelijk met hiphop inlaat, door in hun bandbezetting een scratchende dj op te nemen, die is er dan nog niet.

Die komt er in 1988. De naam is Urban Dance Squad en ze zijn afkomstig uit Nederland. Het geluid dat de band op hun debuutalbum *Mental Floss for the Globe* uit 1989 neerzet is volkomen nieuw. De bijtende raps van zanger Rudeboy, de in blues gedrenkte gitaarerupties van Tres Manos en een voor funk noodzakelijke ongekend strakke ritmesectie zijn al bijzonder, maar de scratches en beats van hiphop-dj DNA klinken pas echt revolutionair in deze context.

De band wordt er niet alleen in Nederland een populaire liveattractie mee, maar breekt ook door in de Verenigde Staten. Hoewel ze het succes daar nooit hebben kunnen vasthouden blijkt hun stijl zeer invloedrijk. In de jaren negentig duiken er talloze heavy-metalbands op met dj's in hun gelederen (Limp Bizkit, Incubus), die een nieuw genre zouden scheppen: *nu metal*.

Al veel eerder kun je echter de invloed van rapper Rudeboy op Amerikaanse zangers bewezen zien in het succes van Rage Against the Machine. De sound lijkt niet alleen op die van Urban Dance Squad, met een mengeling van rap, funk en rock, ook de manier waarop Zack de la Rocha rap en zang op militante wijze vervlecht, lijkt regelrecht uit de koker van Rude Boy te komen.

De leden van Rage Against the Machine zien hun Nederlandse 'voorbeeld' in de States optreden. De 'Squad' zoals ze door hun fans worden genoemd, profiteren jammer genoeg nooit echt mee van het succes van Rage Against the Machine. Urban Dance Squad blijft wel een van de weinige bands uit de Nederlandse popgeschiedenis die ook iets hebben betekend voor de internationale ontwikkeling ervan.

61 Entertain Us!

Amerikaanse rock groeit in de jaren tachtig dankzij de enorme exposure van Live Aid en MTV uit tot een zeer bloeiende tak in de muziekindustrie. Vooral hardrockbands doen het goed op het breukvlak van de jaren tachtig en negentig: Bon Jovi, het weer volledig gereanimeerde Aerosmith en het brutale Guns N' Roses, dat muzikaal voortborduurt op de sound van Aerosmith, Alice Cooper en andere jaren-zeventigbands. Hoe succesvol ook, voor veel jonge rockliefhebbers is de aanhang van deze stadionbands te massaal, de muziek te glad en te weinig avontuurlijk.

Juist daardoor bloeit ook alternative rock van bands als R.E.M. en de Pixies hevig op in die jaren. Als tegenwicht voor de meezingrock-voor-de-hele-familie lijkt de Amerikaanse gitaarunderground eindelijk bovengronds te komen, want de Amerikaanse jeugd heeft stilaan genoeg van altijd maar diezelfde slappe rock op MTV. Ze zijn uitgekeken op de opgeföhnde kapsels van alle 'hairbands', ook wel poedelrockers genoemd (Poison, Quiet Riot, Bon Jovi), en ze vinden Axl Rose van Guns N' Roses vooral een bigotte schreeuwlelijk.

Op de dan zeer invloedrijke radiostations van de universiteiten (college radio) zijn het R.E.M., Sonic Youth en de Pixies die de zendtijd vullen. Veel ophef veroorzaakt in 1989 Sonic Youth, die van een klein onafhankelijk label (in jargon *indie* geheten) overstapt naar een grote platenmaatschappij ('major' in datzelfde jargon) Geffen Records. Een typische 'indie' band als Sonic Youth wordt niet geacht zoiets te doen, die staat model voor talloze bands in het studentencircuit. Toch zou niet alleen Sonic Youth er beter van worden. De verandering van platenfirma heeft namelijk niet zozeer gevolgen voor de muziek van Sonic Youth zelf, die blijft op de plaat *Goo* uit 1990 net zo weerbarstig als op hun tot op de dag van vandaag nog altijd meest geprezen album *Daydream Nation* (1988). Nee, de gevolgen betreffen vooral de loopbanen van andere punkrockbands. Zo bedingt Sonic Youth bijvoorbeeld de afspraak alleen op festivals te spelen wanneer het bandje Nirvana uit Seattle ook wordt geboekt. Het is dankzij Sonic Youth dat dit bandje voor hun tweede album de overstap zou maken van het kleine indielabel Sub Pop naar Geffen.

Nirvana maakt eind jaren tachtig deel uit van een bloeiende scene van gitaarbands in Seattle die allemaal teruggrijpen naar de moddervette, maar donkere hardrock van de jaren zeventig (Black Sabbath) en die niet aanvullen met glamour en poses zoals Guns N' Roses dat deden maar met rauwe punk van bands als The Stooges en MC5. Mudhoney, Soundgarden en Pearl Jam zijn hier de belangrijkste namen, van een genre dat later *grunge* is gaan heten.

Want het is dankzij het enorme succes van Nirvana's tweede album *Nevermind* – uitgebracht in de herfst van 1991 en voorafgegaan door de wereldwijde hit 'Smells like Teen Spirit' – dat de aandacht op Seattle komt te liggen.

De levendige scene daar komt voort uit onvrede met de bestaande muziek gekoppeld aan verveling en verlangen naar opwinding: 'Entertain Us', zoals Nirvana's zanger Kurt Cobain hartstochtelijk uitschreeuwt in 'Smells like Teen Spirit'. Seattle zou met Soundgarden en Pearl Jam nog twee grote bands voortbrengen, die tekenen bij majors en zeer invloedrijke platen uitbrachten. Soundgardens *Superunknown* (1994) en Pearl Jams *Ten* (1991) behoren tot de succesvolste rockplaten van de jaren negentig en hoewel Pearl Jam nooit meer eenzelfde niveau op plaat bereikt, geldt het nog altijd als een van de enerverendste livebands.

Nirvana zelf kan het succes allemaal niet aan. Kurt Cobain wilde nooit die superster worden die hij in razend tempo wordt. Hij bewondert juist bands als R.E.M. en de Pixies (wier 'Gigantic' Nirvana volgens Cobain zelf letterlijk heeft gekopieerd) omdat ze zo zichzelf zijn gebleven en nooit een knieval voor het grote publiek hebben gedaan. Dat doet Cobain ook niet, maar het voelt voor hem wel zo. Hij is bang dat zijn fans van het eerste uur hem van verraad zullen beschuldigen omdat hij nu ineens zelf een miljoenenster is geworden. De met veel pijn en moeite tot stand gekomen opvolger van *Nevermind*, *In Utero*, staat dan ook vol verwijzingen naar Cobains moeite met het succes.

Hij verliest zich in een heroïneverslaving en pleegt in april 1994 zelfmoord. Grunge is op dat moment de meest geliefde rockmuziek. Naast Seattle blijkt Los Angeles echter weer een levendige punkrockscene te kennen met Green Day en The Offspring. Uit Chicago komen de Smashing Pumpkins, met een zeer oorspronkelijke rockvariant, die het midden houdt tussen de massieve grungesound en de artrock zoals David Bowie en Roxy Music die in de jaren zeventig voorstonden.

62 Move Your Body

Rockmuziek blijft zich in de jaren tachtig evolueren door het al dan niet opnieuw integreren van bestaande stijlen, en hiphop wordt steeds avontuurlijker, door na de militante raps van Public Enemy ruimte te scheppen voor de bloemetjeshiphop van A Tribe Called Quest en De La Soul. Tegelijkertijd wordt er in Chicago en Detroit een werkelijk nieuw soort popmuziek gemaakt. In Chicago noemen ze het house, in Detroit techno maar de basis is hetzelfde: elektronische beats uit de drumcomputer en melodielijnen vervaardigd door Fairlight-synthesizers.

House en techno zijn een antwoord op disco, en ontstaat aanvankelijk in zwarte clubs. In Detroit is het de zwarte heteroscene die werkt aan een nieuwe sound waarin de elektro van Kraftwerk maar ook de Britse synthpopbands als Visage en The Human League centraal staan. In Chicago is het de zwarte homoscene die zichzelf dubbel gediscrimineerd ziet en er juist aardigheid in schept die muziek die de blanke smaakmakers als volkomen not done beschouwen, te omarmen. Disco dus.

Dj's willen hun publiek continu laten dansen, en rijgen de platen ononderbroken aaneen: instrumentale breaks worden uit nummers gehaald en opgepitcht naar het juiste aantal beats per minuut (BPM). Aardig is dat de in de VS zeer populaire discomix van het Nederlandse 'Stars on 45' (vooral de instrumentale B-kant) het in de zwarte homoclubs heel goed doet. Dj's experimenteren echter steeds meer in het weghalen van vocalen en melodielijnen en het benadrukken van de beats. Toch blijft de essentie om het lichaam aan het dansen te krijgen.

Hulp daarbij krijgen de dj's van de Roland-drumcomputers die in de jaren tachtig steeds goedkoper worden. Ze zetten zo'n apparaat vaak naast de draaitafels om de platen zo van extra beats te voorzien.

Los van elkaar creëren Detroit en Chicago (later vindt New York in *garage* een eigen variant) een nieuw soort dansmuziek, en duiken overal dj's-producers op die zelf platen in elkaar zetten die steeds kaler worden.

In Detroit vermengen ze de kale abstracte klanken met aan de funk van George Clinton (ook uit Detroit) ontleende ritmes, terwijl in Chicago de beats worden aangevuld met gesamplede strijkers, piano en zwoele zangpartijen ontleend aan de jaren-zeventigsoul.

Jonge zwarte ambitieuze muzikanten hebben hun eigen manier gevonden zich creatief te uiten. Niet in een bandje maar gewoon op een zolderkamer met draaitafels, samplers, en (drum)computers. Ze brengen platen uit voor labels als DJ International, TRAX, Transmat en Network, onder namen als Mayday, Rhyhtm Is Rhythm, Phuture en Virgo. Hoewel twee losstaande muziekscenes, blijken de Detroitse technoplaten juist in Chicago zeer populair. In Europa nemen we dankzij Britse dj's die op werkbezoek gaan naar Amerika, voor het eerst kennis van vooral de Chicago-house. 'Love Can't Turn Around' van Farley Jackmaster Funk wordt eind 1986 al een bescheiden hitje, maar het klinkt dankzij de zang dan ook nog betrekkelijk gewoon. Meer een moderne variant op discomuziek dan iets compleet nieuws. Maar ook in Chicago wordt de Detroitse techno-invloed merkbaar. De muziek wordt hoekiger, kaler en machinaler. In Chicago wordt zo een nieuwe stijl ontwikkeld die al snel vernoemd wordt naar een van de eerste nummers in dat genre: het elf minuten durende 'Acid Tracks' van Phuture.

Deze snel extremer wordende acid-housesound slaat in Groot-Brittannië zo aan dat Detroit en Chicago hun platen volop gaan exporteren naar Britse dj's en clubs. In Manchester (The Hacienda) en Londen (Heaven) worden de eerste acid-houseavonden georganiseerd, met elektronische, veelal instrumentale dansmuziek.

Acid-housemuziek is opzwepend, dansbaar en vooral nieuw. De sound is elektronisch maar nooit kil zoals bij Kraftwerk. De stuwende baslijnen, de harde *bleeps* en de regelmatige, als een hartslag pulserende beats veroorzaken op de dansvloer – als het publiek in trance is – een ongekende extase.

Die staat van trance kan gemakkelijker worden bereikt met de drug die tegelijk met acid house opkwam: xtc. De twee blijken elkaar als Yin & Yang aan te vullen. Maar ook zonder xtc is de zomer van 1988 er een om niet gauw te vergeten, acid house krijgt dan ook in Nederland echt voet aan de grond dankzij pionierswerk van dj Eddy de Clercq en zijn club de RoXY.

Het beeld op de dansvloer tijdens deze tweede summer of love wordt bepaald door t-shirts met gele *smileys*. Het geluid is dat van Todd Terry's 'Can You Party', uitbundig en feestelijk met de kreet 'Can You Feel It...', of Reese en Santonio's 'The Sound', kaal, minimaal en hypnotiserend. Het mooist van alle is het zeer soulvolle 'Big Fun' van Inner City.

De muziek wordt ook in Nederland beter verkrijgbaar, en voor het gemak worden de vaak dure 12 inch-singles verzameld op cd, zoals het baanbrekende *Techno! The New Dance Sound of Detroit* eind 1988.

Hoewel acid house in clubs als de RoXY behoorlijk wordt gepusht, zou het in Nederland lang klein blijven. Er ontstaat hier binnen de media een enorme weerzin tegen de als kil, anoniem en onpersoonlijk bestempelde muziek. Toch worden velen er in zowel Nederland als Groot-Brittannië toe gedreven zelf platen te gaan produceren. Men richt hier al snel houselabels als Go-Bang! op en de steeds goedkopere hardware maakt het eenvoudig om zelf een plaat op te nemen. De do it yourself-mentaliteit doet met acid house opnieuw haar intrede in de popcultuur. In Nederland wordt er niet alleen heel veel geproduceerd, het niveau kan zich makkelijk meten aan die van de Britse en Amerikaanse producties. Nederland loopt samen met België voorop (het label R&S geldt onder Britse dj's als toonaangevend) in de productie van housemuziek. Eerst nog vooral klein en ondergronds, maar als house doorstoot naar de hitparades leveren wij hier de succesvolste top 40-variant: 2 Unlimited.

63 Van ondergronds naar mainstream

Acid house is de eerste jaren vooral iets wat zich in de dansclubs afspeelt, en dan nog zijn de officieel erkende gelegenheden maar op één hand te tellen. De muziek wordt te moeilijk gevonden door gevestigde discotheken en liefhebbers wijken daardoor snel uit naar oude loodsen waar ze met twee draaitafels, een paar lampen en een rookmachine hun 'illegale' feestjes geven.

Twee clubs in Europa steken hun nek uit, The Hacienda in Manchester en de RoXY in Amsterdam, maar er moet hier ook een harde strijd geleverd worden door Eddy de Clercq als voorvechter van deze nieuwe muziek. Veel van zijn collega's horen niets in deze nieuwe rage.

Acid house blijkt echter geen rage, de sound verandert zo ongeveer per maand. Het harde knetterende, bijna punkachtige geluid van de vroege houseplaten wordt genuanceerd, het danspubliek begint eraan te wennen en in Britse hitlijsten duiken de eerste houseproducties op: platen van M/A/R/R/S, S-Express en Bomb the Bass, Britse producties van artiesten zonder gezicht. De makers van de nieuwe dansmuziek blijven veelal gezichtsloos, de anonieme platen krijgen hooguit een gezicht door de dj die ze aan elkaar draait. De makers zelf, de eigenlijke artiesten, zijn bovendien vaak zelf dj of producer.

Iedere dj heeft zo zijn eigen voorkeur in draaistijl, velen maken er ook hun eigen platen bij. Bovendien lopen de voorkeuren per land, regio en zelfs stad uiteen. De Amsterdamse housescene blijft veel langer hun oren te luisteren leggen bij de soulvolle Chicago-variant, terwijl de draaistijl in Rotterdam steeds harder en sneller wordt. Zo veel stijlen en nog veel meer platen, de dj's kunnen wekelijks kiezen uit honderden nieuwe titels. Die blijven aanvankelijk vooral op 12 inch-formaat verschijnen, later komen er uiterst succesvolle compilatieseries als Turn Up the Bass op de markt die deze nieuwe muziek ook de huiskamers in brengen.

En met Technotronic en 2 Unlimited ontstaan er twee groepen die house heel handig op de radiowensen afstemmen door er zeer pakkende liedjes van te maken. In een mum van tijd krijgen de hitparades steeds meer een elektronische klank. Een stevig houseritme met een enkele zanglijn met een refreintje, meer is er niet nodig voor een hit.

En het succes van 2 Unlimited doet de housewereld ook al snel op-splitsen in hen die deze nieuwe muziek serieus nemen en net als rock-'n-roll 35 jaar eerder als een startpunt zien voor een nieuwe jeugdcultuur, en hen die er snel even geld aan willen verdienen. In beide kampen volgen de ontwikkelingen zich snel op. Er verschijnen veel zogeheten *gimmick hits* ('Pippi Langhouse', 'Gabbertje') terwijl aan de andere kant van het spec-trum Britse bands als Underworld en Orbital net als het Nederlandse Quazar housemuziek extrapoleren van singleformaat naar album en vooral naar het concertpodium.

Zo dringt house langzaam alle geledingen van de popcultuur binnen. Hitparade, dansvloer en concertzaal, house is overal, en iedere maand worden er weer nieuw subgenres uitgevonden: van hardcore (pijlsnelle, ratelende beats), in Nederland de basis voor het eigen 'gabberhouse', tot ambient house (muziek om bij te chillen in de ruimte naast de dansvloer).

Vergeleken bij het stilstaand water waarin rockmuziek begin jaren ne-gentig verkeerde is house avontuurlijk en volop in beweging. Iedereen kan het maken vanwege de beperkte middelen die ervoor nodig zijn, en je kan het anders dan een rockplaat ook allemaal alleen doen. Popmuziek zou na de house-introductie nooit meer hetzelfde zijn. Gitaarbands en rockbands blijven bestaan, maar er is een compleet nieuwe uitgaanscul-tuur naast komen te staan. Kroeg- en concertbezoek wordt vervangen door *clubbing*, concertzalen programmeren dj's in de nacht om aan deze nieuwe behoefte te voldoen. Er worden steeds grotere feesten georgani-seerd voor steeds grotere massa's danslustigen in sporthallen, conferen-tiecentra en zelfs voetbalstadions. De danscultuur wordt het belangrijk-ste segment in de popmuziek van de jaren negentig. Dance is het genre waarin het gebeurt. Wie in de jaren vijftig het in de muziek wil gaan ma-ken leert saxofoon spelen, in de jaren zestig is het de elektrische gitaar, en in de jaren negentig koop je twee draaitafels en een mengpaneel.

64 Gangstarap

De nieuwe elektronische dansmuziek zou in de Verenigde Staten aanmerkelijk minder gehoor vinden. Het blijft er vooral binnen clubs en discotheken. De snel goedkoper wordende computers, samplers en software verlagen ook voor Amerikanen de drempel in de jaren negentig om zelf muziek te gaan maken, maar het blijven daar rappers en hiphopproducers die het geluid van pop in de jaren negentig bepalen.

Ook in de vs verliest rock steeds meer terrein, maar hier is het hiphop die tegen het eind van de jaren negentig marktleider zou worden. Hiphop is zich in de jaren tachtig vanuit New York steeds meer over het land gaan verspreiden, en heeft zich ook in muzikaal opzicht verbreed. Er duiken nadrukkelijk jazzinvloeden in op (zie bijvoorbeeld Gang Starr en A Tribe Called Quest). Ook komen er steeds meer rapcrews (De La Soul, Jungle Brothers) die verder zoeken dan het arsenaal aan James Brown-beats om hun raps op te bouwen, en hun samples plukken uit minder gebruikelijke bronnen die even soulvol klinken.

Zij hebben succes en ook oudgedienden als LL Cool J, Run-DMC en Public Enemy worden nog altijd gerespecteerd, maar er ontstaat stilaan toch wel behoefte aan echt een nieuw geluid uit een andere windrichting.

Dat komt in de vorm van *gangstarap* uit Los Angeles. Rappers zijn altijd al gewoon om het leven op straat te bezingen, waar de vaak kansarme zwarte jongeren zich ledig houden met het dealen van drugs en andere kleine criminele vergrijpen. Ice-T heeft zich in het nummer 'I'm Your Pusher' in 1988 al de aura van gangster aangemeten, maar in Los Angeles ontstaat er een groep, NWA, die er prat op gaat rechtstreeks uit het bendeleven van de wijk Compton te komen. Op hun tweede plaat *Straight Outta Compton* uit 1988, waarin veelal in de eerste persoon wordt gerapt over criminele daden die het 'beetje dealen' ver ontstijgen, klinken de raps van Ice Cube, Eazy-E en Dr. Dre zo authentiek, dat je zou zweren met echte gangsters van doen te hebben. NWA komt van de straat en hoewel ze hun verleden als lid van de Crips en de Bloods beslist romantiseren zijn het geen lieverdjes. Hun *Straight Outta Compton* slaat er echter niet minder door aan. Hier staat een hiphopcrew die pas echt gevaarlijk is, met songtitels als 'Fuck tha Police' die allerminst ironisch zijn. Public Enemy's Chuck D is ermee vergeleken een stoffige intellectueel. Hoe grover en vrouwonvriendelijker, hoe succesvoller, lijkt het even. Want naast N WA zijn ook The Geto Boys en The 2 Live Crew met hun seksistische raps zeer populair.

Waar New York aanvankelijk vooral politiek bewogen en maatschappelijk bevlogen, maar tegelijk razendknappe rappers blijft voortbrengen (Nas), worden de jonge kids elders in het land steeds meer aangeraakt door de *gangsta*-romantiek.

De leden van N WA liggen echter net zo met elkaar overhoop als met de overheid, zodat de eenheid niet te handhaven blijkt. Ice Cube gaat al snel met succes solo en Dr. Dre begint samen met Marion 'Suge' Knight – een zakenman die niet bepaald gevrijwaard is van onbesproken gedrag – een eigen label, Death Row.

Dr. Dre's album *The Chronic* uit 1992 vormt een blauwdruk voor de gehele gangstarapstroming vanaf dat moment. Het geluid is nieuw. Teksten, lome funky baslijnen, synthesizers en melodieën geplukt van oude soulplaten worden heel terughoudend gerapt door Dre's eigen ontdekking Snoop Doggy Dogg. Het stijltje waarin Dogg heel onderkoeld over zijn geneugten (meiden, auto's, geld en pistolen) zingt zou school maken als G-*funk*. Net als Dre's productie overigens.

Snoop Doggy Doggs eigen debuut, *Doggystyle*, maakt gangstarap wereldwijd toonaangevend, Los Angeles en het Death Row-label zijn marktleider geworden.

Maar aan de oostkust begint de gangstarap ook navolging te krijgen. Sean 'Puffy' Combs (later Puff Daddy en P. Diddy geheten) is de belangrijkste producer en Biggie Smalls, een straatdealer, de beste rapper. Als The Notorious B.I.G. neemt hij in 1994 *Ready to Die* op, de eerste platinaplaat voor een oostkustrapper sinds het zwaartepunt in de hiphop een paar jaar eerder naar de westkust was verschoven.

Combs heeft een eigen platenlabel Bad Boy Entertainment, dat de grootste rivaal dreigt te worden van Death Row aan de westkust. De rivaliteit en het 'dissen' van elkaar – in hiphop gebruikelijk – beginnen steeds onguurdere trekken te vertonen. Zeker wanneer de New Yorkse Tupac Shakur (later 2Pac geheten), die aanvankelijk bevriend is met The Notorious B.I.G., partij kiest voor het Death Row-kamp en samen met Suge Knight een oorlog tegen Bad Boy en The Notorious B.I.G. begint.

Hoewel die zich vooral verbaal in de media ontwikkelt wordt de nog altijd niet opgeloste moord op 2Pac in september 1996 nooit helemaal los gezien van deze rivaliteit. Zeker niet omdat krap een halfjaar later ook The Notorious B.I.G. door kogels om het leven komt.

Het staat beide rappers een immense postume populariteit overigens niet in de weg. Ze verkopen meer platen dan tijdens hun leven, en ieder jaar verschijnen er weer 2Pac-kliekjes. Gevonden, opgewarmd en gretig geconsumeerd.

65 Eminem versus Wu-Tang Clan

De anticlimax in de oost-westvete die de gewelddadige dood van de twee toch vooral is, resulteert wel in het achter de tralies verdwijnen van Suge Knight voor allerlei vergrijpen. Dit maakt aan de 'oorlog' een einde. In het westen gaat Dre door met produceren, en met het ontdekken van talent voor zijn eigen Aftermath-label. Aan Dre hebben we bijvoorbeeld Eminem te danken, de rapper die van allen niet alleen de grofstgebekte is, maar ook de succesvolste. Zijn moeder, zijn vrouw Kim, de hele wereld moet het ontgelden op zijn platen waarvan The Marshall Matters LP uit 2000 de bestverkochte wordt. Eminem rapt niet over het gangsterleven of over politiek maar over zijn persoonlijke sores, en doet dat zo grof en mensonterend dat hij het haast wel ironisch moet bedoelen. Houdt hij zijn gehoor een spiegel voor of neemt hij ze in de maling? Hij trekt de morele vragen, door gangstarap opgeroepen, nog een stuk verder door. Meent hij het echt of is alles gespeeld?

De schok is des te groter, lijkt het wel, omdat Eminem blank is. Geen zwarte jongen uit het getto maar een typisch geval van Detroits *white trash*. Opnieuw herhaalt de geschiedenis zich: een blanke jongen (zie Elvis Presley) wordt populairder dan zijn zwarte voorbeelden, met een kunstje dat hij van hen lijkt te hebben overgenomen.

Ook Eminems 'opvolger' als regeerder in de hiphop, 50 Cent, zou in 2003 door Dr. Dre worden ontdekt, maar het wachten is alweer jaren op een echte nieuwe plaat van de topproducer zelf.

Aan de oostkust is het in de tweede helft van de jaren negentig vooral de Wu-Tang Clan die geluidsbepalend is. Een collectief van rappers en producers uit Staten Island dat zijn woordkeuzes en metaforen ontleent aan de oosterse vechtsporten. Hun debuutalbum, *Enter the Wu-Tang/36 Chambers*, uit 1993 klinkt hard, rauw en compromisloos. Het wordt een hit met een lange adem omdat blijkt dat de rappers afzonderlijk ook met knappe producties komen, die opnieuw de aandacht op het debuut vestigen.

Soloplaten van Method Man, Ol' Dirty Bastard, Raekwon en Ghostface Killah houden de aandacht niet alleen op de naam Wu-Tang Clan gevestigd, ze overtreffen vaak het latere werk van hun moedergroep.

Ze bestaan nog altijd, al overlijdt de geestigste van hen, Ol' Dirty Bastard, in 2004. Maar in succes worden ze al lang overschaduwd door Jay-Z. Hoewel zelf een groot rapper, is zijn rol als labelbaas waar hij heel handig de grootste talenten weet aan te trekken, niet te onderschatten.

Jay-Z erkent al snel de talenten van producer Kanye West, die onder zijn mentorschap niet alleen zal uitgroeien tot een van de meest innovatieve hiphopproducers maar ook tot een hiphopster.

66 R&b, het speeltje voor hiphopproducers

Producers krijgen in de jaren negentig een steeds voornamere rol binnen de Amerikaanse zwarte popmuziek, waarin (Europese) dance dan nog wel niet is doorgedrongen, maar waarin computers en digitale muziek wel steeds voornamer worden. In hiphop dringen ze door maar ook in de r&b, de gezongen variant op hiphop.

R&b is een afkorting van *rhythm & blues* zoals die in de VS al sinds 1949 in zwang was. De muziek die er sinds het eind van de jaren tachtig mee wordt aangeduid lijkt echter in niets op de rauwe muziek uit de jaren vijftig en zestig. Het staat juist voor een afgezwakte hiphopvariant, waarin niet boos wordt gerapt maar juist lieflijk wordt gezongen. De instrumentale begeleiding komt vaak net als die op hiphopplaten uit samplers en computers, wat r&b weer onderscheidt van soulmuziek. In wezen verschilt r&b alleen maar van hiphop door het feit dat er op r&b-platen vooral wordt gezongen en op hiphopplaten gerapt.

Het zijn vooral producers die het geluid op de achtergrond van de vaak zoete vocalen bepalen. Toonaangevend is begin jaren negentig Teddy Riley met zijn band Guy en later met Blackstreet. Maar het genre wordt creatief pas echt naar een hoger plan getild wanneer vanaf 1995 producer Timbaland zich erover gaat ontfermen. Zijn geluid wordt bepaald door een aan dance ontleende techniek van het versnellen van beats. Het klinkt altijd herkenbaar en altijd anders dan gewoon. Zijn beste werk maakt hij met de veel te vroeg overleden zangeres Aaliyah (1979-2001) en met Missy 'Misdemeanor' Elliott die zelf ook produceert, zingt en ook niet mis te verstaan kan rappen.

Als Elliott en Timbaland samen in de studio zijn, ontstaat er iets moois dat inventiever klinkt dan de meeste hiphop, rauwer dan de meeste r&b, en tegelijk hitgevoeliger dan de hitsingles waarmee ze moeten wedijveren. Timbalands roem strekt zich al snel verder buiten de r&b en hiphop.

Samen met een stel andere hippe producers – The Neptunes – zou hij tekenen voor de productie van het plaatdebuut van Justin Timberlake, een voormalig tienersterretje. Dit *Justified* uit 2002 zou een van de beste pop-platen van dit decennium worden, vergelijkbaar met Michael Jacksons *Thriller* uit 1982.

En hoewel dat natuurlijk ook ligt aan de knappe performance van Timberlake zelf, die in zijn boyband *NSYNC heeft bewezen over de juiste danspasjes en zangkwaliteiten te beschikken, zijn het – net als Quincy Jones voor Michael Jackson – Timbaland en vooral The Neptunes die discopop of r&b naar een hoger plan trekken. De Neptunes worden gevormd door Chad Hugo, het technische wonderkind, en Pharrell Williams, die niet alleen precies de juiste sound weet te bedenken, maar zelf ook graag meerapt of -zingt met zijn hoge falset. Als hij de kans krijgt laat hij zijn olijke koppie ook nog eens in de videoclips van zijn producties zien.

Het duo produceerde al tal van hiphopartiesten van Jay-Z en Mary J. Blige tot aan Busta Rhymes en Snoop Dogg. Hun platen zijn herkenbaar aan de nerveus ratelende ritmes en de analoge, van Stevie Wonders meesterwerken geleende synthesizergeluiden. Maar de Neptunes leveren met Timberlake hun ware kunststuk af. Hun eigen plaat uit 2006 valt tegen, veel leuker zijn de platen en vooral optredens die de Neptunes als N*E*R*D verzorgen. Zo feestelijk en opbeurend als op de zomerfestivals van 2004 klinkt hiphop maar zelden.

R&b blijft overigens vooral een studiospeeltje dat zich nauwelijks naar concertpodia laat vertalen. Pogingen daartoe van Missy Elliott verlopen rampzalig. De enige r&b-band die die vertaalslag wél weet te maken is Destiny's Child, een zangtrio dat met veel gevoel voor show en een aantal ijzersterke hits ('Survivor', 'Independent Women Part 1') herinneringen aan The Supremes oproept, met Beyoncé in de rol van Diana Ross.

67 Bristol en Britpop

Technologische ontwikkelingen, en vooral het veel goedkoper worden van soft- en hardware, maken het popgeluid in de jaren negentig elektronischer. Dance, hiphop en r&b spelen een steeds voornamere rol en ook de typische hitparadepop krijgt een ander, meer elektronisch geluid.

Rauwe rock, fysieke muziek gedreven door bas, gitaar en drums, trekt zich weer terug in de contramine en wordt vooral in de vs gruiziger en grimmiger. Grunge is begin jaren negentig de muziek voor de opstandige jeugd die zich tegen de steeds meer gecomputeriseerde pop gaat verzetten.

Maar ook grunge roept op den duur weerstand op. De donkere muziek van Alice in Chains, Soundgarden, Stone Temple Pilots en Pearl Jam is voor veel popfans humorloos en agressief. In Groot-Brittannië waar in de jaren tachtig popgroepen overigens al heel vindingrijk met elektronica omspringen, en bands als Depeche Mode, New Order en de Pet Shop Boys heel handig een middenweg hebben gevonden tussen behoudende, intelligente hitparadepop en vernieuwende dansmuziek, ontstaat een grotere behoefte aan wat luchtigere gitaarmuziek. De synthese tussen pop en dance heeft nog even veel opwinding veroorzaakt, met name dankzij bands uit Manchester als The Happy Mondays en The Stone Roses. Psychedelische gitaarmuziek fuseert met hippe beats, om zo een brug te slaan tussen rock-'n-roll en house. Maar wat is er toch gebeurd met het erfgoed van hun eigen grote popgroepen als The Kinks en The Small Faces? Sinds Paul Weller The Jam in 1982 heeft opgedoekt lijkt deze typisch Britse rockvariant uit de popmuziek verdwenen. Maar in 1993 brengt een nieuwe lichting popbands het Britse beatgeluid weer terug. Het tweede album van Blur, *Modern Life Is Rubbish*, zet begin 1993 de toon voor een nieuw elan in de Britse gitaarpop, en bereikt een jaar later een hoogtepunt met *Parklife*. Bands als Suede, Elastica en Supergrass volgen met opgewekte, felle gitaarpop, maar de grootste van allemaal is Oasis, uit Manchester.

Het geluid op hun debuut, *Definitely Maybe*, uit 1994 klinkt als The Beatles vermengd met The Sex Pistols. Die combinatie van heel meezingbare, traditionele melodieuze rock met de snerende voordracht van zanger Liam Gallagher maakt Oasis tot een van de succesvolste rockbands van de jaren negentig. Niet alleen in eigen land maar ook daarbuiten, vooral dankzij hun hit 'Wonderwall' uit 1995.

De Britpop van Oasis, Blur, Pulp en Suede en de lichting van 1993 biedt een wat luchtiger alternatief voor de Amerikaanse grunge, maar bepaald vernieuwend kan je de stroming niet noemen. Toch debuteert er dat jaar een band in Oxford die tot op de dag van vandaag wordt gerekend tot de succesvolste maar ook de meest vernieuwende Britse rockgroepen: Radiohead.

Vooral hun derde album, OK Computer, geldt als een mijlpaal, niet alleen dankzij de nieuwe sound, die onmiskenbaar op rock geënt is, of vanwege de vele melodische en ritmische wendingen in de composities. Vooral de gepassioneerde vocale expressie van Thom Yorke, die de nummers steeds bij elkaar houdt, blijkt doorslaggevend. Hij geeft de muziek de houvast die de luisteraar nodig heeft.

Radiohead zou op latere albums steeds meer muzikale uitdagingen zoeken in elektronische muziek, en de pure rockelementen uit de composities filteren. De band blijft echter verbijsteren met nieuwe klankvormen en geluidsexperimenten. Toch blijft zelfs Radiohead bovenal een gitaarband.

De grootste vernieuwingen komen in de jaren negentig uit Bristol. Daar is in de jaren tachtig al een raciaal gemengde muziekscene ontstaan, van dj's, rappers en producers die via soundsystems in clubs reggae, dub, funk, punk, soul en hiphop door elkaar draaien. Typisch voor de Bristolse draaistijl is, behalve het eclecticisme, het lage tempo van de beats, al snel *downtempo* genoemd.

De scene zou in Massive Attack, Tricky en Portishead drie belangrijke bands opleveren die zich allemaal ergens begeven tussen hiphop, soul en reggae. Triphop, heet dit even. Maar Bristol speelt in de tweede helft van de jaren negentig, wanneer voornoemde bands al lang de clubs en soundsystems ontgroeid zijn, ook in de popularisering van *jungle* of *drum 'n bass* een hoofdrol.

Deze muziek komt voort uit de snelste Londense housevariant, hard-

core, en kenmerkt zich door hectisch ratelende drums, gesampled en ver-
sneld afgespeeld, in combinatie met een loodzware, peilloze diepe baslijn.

Deze hardcore *breakbeats* laten zich prima combineren met reggae en
hiphop, wat ook gebeurt op de eerste jungleplaten. In Bristol zijn ze dat
mixen van allerlei stijlen gewoon, dus juist daar blijkt er een gezonde voe-
dingsbodem voor deze nieuwste dansmuziek. Dj's en producers als Krust
en Roni Size creëren een eigen stijl, die kan concurreren met wat er in
Londen door pioniers als Goldie en LTJ Bukem wordt geproduceerd. Size
formeert zelfs een heuse liveband – Reprazent – om deze nieuwe dansmuziek ook op het podium tot leven te laten komen.

68 Concertzaal of discotheek

Hoe revolutionair de nieuwe dansmuziek ook mag klinken, het blijft veelal anoniem en gezichtsloos. De makers zijn vaak eenlingen die thuis een single in elkaar knutselen en maar hopen dat die opgepikt wordt door belangrijke dj's in de grote discotheken. Bands die de vertaalslag van dance naar een concertpodium kunnen maken, zijn er wel. Underworld, Quazar, Orbital, The Orb, The Chemical Brothers en The Prodigy groeien zelfs uit tot populaire attracties op rockfestivals. Het probleem met livedance is echter dat er voor het publiek zo weinig te zien valt: mannen achter toetsenborden die ogen alsof ze hun e-mail checken. Aan de andere kant rijzen er voortdurend vragen over het werkelijke live-gehalte van de muziek. Het 'spelen' is vaak niet meer dan een schuif op het mengpaneel bedienen, die een al opgenomen muziekje meer of minder volume geeft. Voornoemde bands, die behoren tot de eerste lichting livegroepen binnen de dance, spelen allemaal in meer of mindere mate echt live. Zij weten juist in grote zalen of op festivals het publiek in extase te krijgen door het op de juiste momenten te laten invallen van een beat of het op tijd weghalen van een baslijn, precies de trucjes die een goede dj ook tot zijn beschikking heeft. Het publiek verwacht van een band op het podium toch meer visueel spektakel, je moet ook ergens naar kunnen kijken. Vooral die danceacts die ogen als een echte band omdat ze een zanger of zangeres hebben, zouden echt een grote liveattractie worden, los van de vraag of er nu werkelijk gespeeld wordt. Omdat The Prodigy en Moby ogen als een rockgroep maar klinken als elektronische dansmuziek, groeien ze niet alleen uit tot grote festivalacts maar geven ze de anonieme dance in de Verenigde Staten precies dat gezicht dat de muziek nodig heeft om ook daar de stap van underground naar mainstream te zetten.

Vele danceproducers zien er niets in om de stap naar het concertpodium te zetten, dat is te veel gedoe. Liever leggen ze zich toe op het verfijnen van hun dj-kunsten. Het zou ook niet lang duren of de dj's zelf zouden het concertpodium betreden, met een platenkoffer, een paar draaitafels en een mengpaneel.

69 God Is a DJ

Een van de succesvolste liveattracties uit de dance wordt aan het eind van de vorige eeuw het Britse Faithless. Zij ogen als een moderne popgroep, maar weten het publiek live, meer dan op plaat, keer op keer naar grote climaxen te voeren met opzwepende dansbeats en verpakt in heel goed in het gehoor liggende popdeuntjes. Een van hun bekendste hits, uit 1998, heet 'God Is a DJ', en dat blijkt een profetische titel. In weerwil van het aanvankelijke succes van dance in het livecircuit zou het genre toch vooral gezichtsloos blijven. Dance blijft zich verder ontwikkelen en tot op de dag van vandaag ontstaan er allerlei substromingen. Van hard en bombastisch (trance) tot kaal en minimaal (minimal- en microhouse). Maar het zijn niet zozeer de uitvoerenden die de muziek populair maken als wel de dj's die de platen aan elkaar mixen, al vallen de twee steeds vaker samen.

Eind jaren negentig zie je steeds meer een ontwikkeling waarin niet de muziek maar de dj belangrijker wordt. Niet de platen zelf, maar de manier waarop de dj ze aan elkaar rijgt, doet ertoe. Het gaat op dansfeesten niet om de muzikanten op de plaat, maar de man of vrouw die de platen draait en de volgorde waarin.

Dj's kunnen zich van elkaar onderscheiden door een eigen stijl te kiezen, en nog beter door hun eigen platen te maken. Ze gaan steeds meer zelf platen produceren, voor eigen gebruik, die ze vervolgens zelf uitbrengen op een verzamel-cd. Iedere dj begeeft zich steeds meer in een heel specifieke stijl, en die stijl wordt langzamerhand aan een persoon opgehangen, zodat die persoon langzaam zelf een ster kan worden.

Het zijn dan ook de dj's die langzaam zullen uitgroeien tot supersterren. De populairste dj's ter wereld komen voor een belangrijk deel uit Nederland: Tiësto en Ferry Corsten bijvoorbeeld. Zij staan voor een aanvankelijk vooral in het Verenigd Koninkrijk populaire technovariant: de snelle melodieuze trance.

Tiësto wordt er wereldwijd zo populair mee dat hij sporthallen en festivalvelden vol danslustigen weet te bespelen. Gewoon met zijn platen. Hij weet precies welke muziek aanslaat en op welk moment. Hij heeft bovendien de capaciteiten om die muziek zelf op te nemen en op plaat te zetten of in zijn computer te laden.

Dj's kunnen uitgroeien tot de grootste nieuwe sterren in de popmuziek, maar het is een misverstand te denken dat ze dat doen door het draaien van andermans muziek. De grootste dj's maken de platen die ze in hun set presenteren zelf en zijn zo schepper van hun eigen universum.

70 Pop en internet

De grootste veranderingen in de popmuziek van de laatste jaren komen voort uit de veranderingen in distributie. In het verleden bleek een verandering van geluidsdrager al voor de nodige veranderingen te zorgen. Popliedjes duurden aanvankelijk niet langer dan drie minuten, omdat er niet meer op een 78-toerenplaat paste.

Een lp kon veertig minuten muziek kwijt, en met het populairder worden van langspeelplaten onder popconsumenten worden de muziekstukken ook langer. Je ziet de lengte van popalbums in de jaren tachtig vervolgens toenemen als de cd op de markt komt: platen van 80 minuten (de lengte van de vroegere dubbel-lp) zijn sindsdien mogelijk maar zijn eerder uitzondering dan regel.

Nu muziek vooral digitaal en steeds meer via de computer wordt binnengehaald en verspreid, en zowel mp3-spelers als iPods duizenden nummers kunnen bevatten die op elk gewenst moment kunnen worden opgeroepen en afgespeeld, verandert dat opnieuw de manier van muziek consumeren.

Het wordt minder vanzelfsprekend om complete albums van artiesten te beluisteren, de iPod fungeert als een reusachtige compilatie van favoriete nummers, de mindere albumtracks laat je gewoon weg.

Liedjes worden via grote onlinemuziekbibliotheken als iTunes afzonderlijk te koop aangeboden, wat tot gevolg heeft dat de consument niet meer gedwongen wordt complete platen voor een of twee liedjes aan te schaffen. Maar los van het feit dat de consument selectiever kan zijn, is het aanbod waaruit hij kan kiezen veel groter dan twintig jaar geleden. Want muziek uit de hele wereld en van alle tijden is nu met een paar eenvoudige handelingen te beluisteren. Had een popliefhebber veertig jaar geleden nog de keuze uit een tiental nieuwe platen in de week, vandaag de dag zijn het er honderden per dag, en juist de beschikbaarheid van veel meer soorten muziek maakt dat de markt gigantisch veranderd is.

Het aanbod wordt niet alleen aanzienlijk diverser, de afname ook. De tijden dat iedereen op de dag van verschijning de nieuwe Bob Dylan of U2 aanschafte, zijn voorbij. Het wordt namelijk veel gemakkelijker geworden om voorbij Dylan en U2 te kijken. De alternatieven blijken eindeloos.

De smaak van het poppubliek is eveneens verbreed, iedereen plukt uit heden en verleden allerlei muziekjes en gaat veel minder achter die ene artiest aan. Veel meer muziek dan voorheen wordt gehoord door veel meer mensen, wat ook maakt dat er niet echt een muziekstroming in pop is die de laatste jaren domineert. Dan is muziek uit Cuba van de Buena Vista Social Club weer heel erg in de mode, dan de met oude veldopnamen uit de katoenplantages doorspekte dance van Moby en dan weer de antiglobalist Manu Chao met zijn feestelijke Zuid-Europese dansmuziek.

De oudere popliefhebbers blijven ook steeds langer doorluisteren naar popmuziek. Van hun generatiegenoten als Bob Dylan en Neil Young, tot de jongere garde singer-songwriters die muziek maakt, geïnspireerd op hun oude voorgangers. Artiesten als Tom Waits en voormalig punk Nick Cave zijn met hun publiek meegegroeid en maken nog altijd knappe, volkomen eigenzinnige platen, waar niemand zich te oud voor hoeft te voelen.

Maar ook de jongste generatie wordt op hun wenken bediend. Enkele van 's werelds huidige grootste popsterren, Justin Timberlake en Robbie Williams, komen uit voor de jongste tieners bedachte jongensbands: *NSYNC en Take That.

Het luisteren naar popmuziek wordt al op steeds jongere leeftijd gestimuleerd. Vanaf de kleutertijd zijn er al bandjes en artiesten als K3 waar je fan van kunt worden. Popmuziek is al lang geen jongerencultuur meer, maar voor alle leeftijden.

De muziek wordt niet alleen meer verspreid via radio, tv en platenzaken maar steeds meer via internet. Liefhebbers zoeken gelijkgestemden op sites als MySpace, Hyves, Last.fm en YouTube en wisselen op deze manier muziek en tips uit. Zo krijgen onbekendere artiesten veel meer kans een publiek aan zich te binden. De Britse zangeres Lily Allen, de rockgroepen Arctic Monkeys en Panic! at the Disco stonden al in uitverkochte zalen te spelen voordat er ook nog maar één single van hen verschenen was.

Het merkwaardige is dat de consument steeds minder voor opgenomen muziek wil betalen, die is immers vaak gemakkelijk gratis te downloaden. Bovendien geven artiesten door acties als het gratis aanbieden van een nieuw album op internet (Radiohead) of het weggeven van een nieuwe plaat bij een krant (Prince in Engeland, Sarah Bettens in België) impliciet toe dat nieuwe muziek niets hoeft te kosten.

Aan de andere kant is de bereidheid om grof geld te betalen voor concerten van diezelfde artiesten veel groter geworden. Concertbezoek neemt toe, en kaartjes worden duurder. Waar een artiest vroeger op tournee ging om zijn plaat te promoten, brengt deze nu een nieuwe plaat uit om het publiek erop te wijzen dat hij bestaat of dat hij weer op tournee gaat. Daar wordt het meeste geld mee verdiend, en het livecircuit is thans ook het meest gezonde deel van de popindustrie.

Waar popmuziek even weer iets was wat je vooral in studio's of op zolderkamers fabriceerde, en de muziek dankzij dance ook steeds anoniemer werd, is er nu het besef dat wanneer je het in de muziek wilt gaan maken, je vooral goed op het podium voor de dag moet zien te komen. Hoewel bandjes rond de eeuwwisseling uit de mode leken, zijn ze nu weer helemaal terug.

Pop heeft vele gedaanteverwisselingen en trendverschuivingen doorstaan maar uiteindelijk draait het om dezelfde dingen als vijftig jaar geleden: een goed liedje, een waarachtige uitstraling en een uitvoering die verleidt, opwindt, ontroert of desnoods doet schaterlachen.

En dat is waar het om gaat. Kunst is een gestileerd menselijk handelen met de bedoeling emoties teweeg te brengen, zo formuleerde onze volksschrijver Gerard Reve zaliger het ooit. Geen popmuzikant heeft dat zo mooi geformuleerd. Ook popmuziek mag kunst heten. Want dat is precies wat de beste popmuziek nog altijd doet: emotioneren.

Register

2 Live Crew, The 161
2 Unlimited 157-159
2Pac 162
50 Cent 163
101ers, The 106

Aaliyah 165
ABC 128
Abyssinians, The 110
AC/DC 135-136
Acuff, Roy 19
Adam & the Ants 128
Aerosmith 133, 138, 152
Afrika Bambaataa 125
Akkerman, Jan 92
Alice in Chains 167
Allen, Lily 175
Animal Collective 9
Animals, The 47, 49, 129
Arctic Monkeys 175
Astley, Rick 142
Aswad 110
Avalon, Frankie 24-25
Axton, Estelle 52
Ayers, Kevin 64

B-52's, The 122-123
Bach, J.S. 92
Bad Brains 150
Ballard, Florence 51
Band, The 44, 66
Band of Gypsys 47-48
Bar-Kays, The 54
Barrett, Syd 64

Barry, Jeff 25
Bauer, Frans 10
Beach Boys, The 37, 40, 62, 101, 115
Beastie Boys 133, 149
Beatles, The 20, 24, 28-38, 40, 49-50,
    58, 64-65, 71, 75, 94, 114, 120, 129,
    132, 143, 168
Beck, Jeff 47, 82
Becker, Walter 101
Bee Gees, The 113
Bell, William 52, 54
Belle & Sebastian 9
Benjamin, Benny 51
Berlin, Irving 13
Berry, Chuck 15-16, 23, 26, 29-30, 37
Best, Pete 28-29
Bettens, Sarah 176
Beyoncé 166
Big Bopper, The 22
Big Brother & the Holding Company
    59, 62
Bird, Bobby 56
Black, Bill 19
Black Crowes, The 134
Black Flag 122, 136, 138
Black Sabbath 83, 135-136, 153
Blackstreet 165
Blake, Peter 68
Blige, Mary J. 166
Blondie 104, 121
Blow, Kurtis 126
Bluesbreakers 65
Blur 167-168
Bolan, Marc 95-96, 102

Bomb the Bass 158
Bon Jovi 138-139, 148, 152
Bonham, John 83
Booker T & the MG's 52
Borsato, Marco 10
Bowie, David 74, 94-98, 102, 117-119, 130, 141, 146, 154
Boy George 129
Branca, Glenn 138
Brennan, Kathleen 100
Brenston & His Delta Cats, Jackie 15
Brood, Herman 10
Broonzy, Big Bill 19
Brown, Dennis 110
Brown, James (& Flames) 16, 55-57, 77, 132, 160
Brown, Myra 23
Browne, Jackson 90-91
Bruce, Jack 65
Buckingham, Lindsay 102
Buena Vista Social Club 175
Buffalo Springfield 42, 62, 86
Buggles 128
Burke, Solomon 27
Burning Spear 110
Busta Rhymes 166
Butterfield, Paul 44
Buzzcocks, The 107
Byrds, The 37, 40-42, 44-46, 59, 62, 99

Cabaret Voltaire 119-120
Cale, John 70-73, 119
Can 114, 119
Captain Beefheart 69
Cash, Johnny 134
Cats, The 10
Cave, Nick 134, 175
Cecil, Malcolm 80-81
Chandler, Chas 47
Chao, Manu 175
Charles, Ray 14, 16, 22, 26, 29, 52, 55

Chemical Brothers, The 170
Chic 126
Chieftains, The 89
Chiffons, The 25
Christian, Charlie 23
Clapton, Eric 31, 47, 65, 82, 93, 110, 148
Clark, Gene 40-42
Clark Five, The Dave 29
Clarke, Michael 40
Clash, The 103, 106-107, 109, 119, 122
Clercq, Eddy de 156, 158
Clinton, George 150, 156
Coasters, The 26
Cobain, Kurt 153
Cochran, Eddie 23
Cohen, Leonard 90
Coleman, Ornette 73
Collins, Judy 87
Collins, Phil 144
Collins, William 'Bootsy' 56
Coltrane, John 64, 73
Cooder, Ry 100
Cooke, Sam 24, 26-27, 55, 78, 97
Cookies, The 25
Cooper, Alice 99, 152
Copeland, Stewart 140
Corsten, Ferry 172
Costello, Elvis & the Attractions 122
Crazy Horse 86
Cream 65, 82
Creedence Clearwater Revival 94
Cropper, Steve 52
Crosby, Bing 13
Crosby, David 40-42, 62, 87
Crosby, Stills & Nash 42, 62, 85-86, 92, 144
Crosby, Stills, Nash & Young 42
Crudup, Arthur 'Big Boy' 19
Crystals, The 25, 38, 49
Culture 110
Culture Club 128-129, 133

Cure, The 141
Curtis, Ian 141

D, Chuck 149, 161
Damned, The 122
Danzig 134
De La Soul 155, 160
Dead Kennedys 136, 138
Deep Purple 83-84, 92
Def Leppard 135
Dekker, Desmond 109
Depeche Mode 167
Destiny's Child 166
Dexys Midnight Runners 120
Diamond Head 135, 137
Dire Straits 148
Dixon, Willie 33
DJ Kool Herc 124-125
Domino, Fats 14
Donegan, Lonnie 28
Doors, The 59, 63
Dorsey, Tommy 13
Dorsey Brothers, The 13
Dr. Dre 160-161, 163
Dream Syndicate 70
Drifters, The 24, 26-27, 52
Dunn, Donald 'Duck' 52
Duran Duran 128-129, 142
Dylan, Bob 20, 43-46, 48, 66, 70, 90,
     94-95, 122, 141, 146, 175

Eagles, The 92, 99, 102, 121
Eastman, Linda 35
Eazy-E 160
Echo & the Bunnymen 107, 120, 141
Edge, The 141
Elastica 167
Electric Light Orchestra 92
Elliott, Missy 'Misdemeanor' 165-166
Emerson, Lake & Palmer 92, 97
Eminem 163
Eno, Brian 98, 117-119

Epstein, Brian 29-31, 35
Eurythmics 129

Faces, The 97
Factory 105
Fagen, Donald 101
Faithless 172
Fall, The 105, 119
Farley Jackmaster Funk 156
Ferry, Brian 98
Fishbone 150
Fleetwood, Mick 102
Fleetwood Mac 101-102, 121
Floyd, Eddie 52
Flying Burrito Brothers, The 41, 99
Focus 92
Fogerty, John 94
Fontana, D.J. 20
Four Tops, The 51
Frankie Goes to Hollywood 128
Franklin, Aretha 52-53
Funk Brothers, The 80

Gabriel, Peter 92
Gallagher, Liam 168
Gang of Four 120
Gang Starr 160
Gaye, Marvin 51, 54, 78, 80, 111
Gaynor, Gloria 112
Geffen, David 85
Geldof, Bob 144-145
Genesis 92, 135
George, Lowell 100
Gershwin, George 13
Gershwin, Ira 13
Geto Boys, The 161
Ghostface Killah 164
Gillan, Ian 83
Gilmour, David 64
Ginsberg, Allen 100
Glitter, Gary 95
Glover, Roger 83

Goffin, Jerry 25, 90
Golden Earring 10
Goldie 169
Goodman, Benny 13
Gordy, Anna 78
Gordy Jr., Berry 49-51, 54, 78, 80
Graham, Larry 77
Grandmaster Flash (& Furious Five) 125-127
Grateful Dead, The 58-60, 62-63
Green, Al 9, 111-112
Green Day 154
Greenwich, Ellie 25
Guns N'Roses 152-153
Guthrie, Woodie 43-44
Guy 165

Haley, Bill (& the Comets) 17-18
Halford, Rob 135
Hammond, John 44
Happy Mondays, The 167
Harris, Emmylou 41
Harrison, George 28-29, 40, 76
Hayes, Isaac 52-53, 78, 111
Hazes, André 10
Hendrix, Jimi 46-49, 59-60, 64, 75, 82, 132
Hendrix Experience, The Jimi 47, 65
Hillman, Chris 40-41
Holland-Dozier-Holland 50-51
Hollies, The 29, 62
Holly, Buddy (& the Crickets) 22-23
Holzman, Jac 63
Horn, Trevor 128
Howlin' Wolf 15, 30
Hugo, Chad 166
Human League, The 120, 128-129, 155
Hüsker Dü 138-139
Hütter, Ralf 114

Ice Cube 160-161
Ice-T 160
Incubus 150
Inner City 157
Iommi, Tony 83
Iron Maiden 135
Isley Brothers, The 46

Jackson, Al 52
Jackson, Michael 130-132, 139, 146-147, 166
Jackson 5, The 130
Jagger, Mick 31, 56
Jam, The 107, 167
Jamerson, James 51
James, Elmore 82
James, Harry 13
James, Jimmy & the Blue Flames 46
Jardin, Al 37
Jay-Z 164, 166
Jefferson Airplane 58-59, 61-62
John, Elton 97, 102
Johnson, Brian 136
Johnson, Robert 14
Jones, Brian 31, 82
Jones, John Paul 82
Jones, Mick 106
Jones, Quincy 130, 166
Joplin, Janis 59, 75
Joy Division 105, 107, 119, 141
Judas Priest 135
Jungle Brothers 160

K3 175
Karloff, Boris 83
KC & the Sunshine Band 112
Kennedy, John F. 30
Kerouac, Jack 100
Kilmister, Lemmy 136
King, Ben E. 26-27, 52, 54
King, Carole 25, 90
King, Martin Luther 54-55, 58, 125, 141

King Crimson 92
King Tubby 109-110
Kinks, The 37, 49, 93, 120, 167
Kiss 135
Klein, Allen 32
Knight, Marion 'Suge' 161-163
Kraftwerk 10, 114-115, 117, 119, 125, 155-156
Kristal, Hilly 104

Landy, Eugene 38
Led Zeppelin 83-84, 99, 102, 133, 144
Lee, Arthur 63
Leiber, Jerry 25-26, 49
Lennon, John 28-29, 32-33, 43, 58, 64, 76
Letts, Don 109
Lewis & the News, Huey 139
Lewis, Jerry Lee 22-23
Limp Bizkit 150
Lindley, David 91
Little Feat 99
Little Richard 15-16, 22-24, 26, 29, 46, 132
Living Colour 150
Livingstone, Bunny 110
LL Cool J 127, 160
Lord, Jon 83, 92
Love 59, 63
Love, Mike 37
LTJ Bukem 169

Madness 120
Madonna 130-131, 146-148
Magazine 119
Mama's & the Papa's, The 58
Manzarek, Ray 63
Margouleff, Robert 80-81
Marley, Bob (& Wailers) 110
Marr, Johnny 143
M/A/R/R/S 158
Martin, George 29, 33-34, 58

Massive Attack 168
Masters of Reality 134
May, Brian 144
Mayall, John 31
Mayday 156
Mayfield, Curtis 78, 112
MC5 153
McCartney, Paul 28-29, 32-33, 38, 64, 76
McCrae, George 112
McGuinn, Roger 40-42, 45
McKenzie, Scott 62
McLaren, Malcolm 103
McLean, Don 22
McVie, John 102
Melvin & the Blue Notes, Harold 111
Mercury, Freddie 144
Metallica 136
Method Man 164
Miller, Glenn 13
Mingus, Charles 87
Mink DeVille 122
Minogue, Kylie 142
Minor Threat 122, 136, 138
Mitchell, Joni 85, 87-88
Mitchell, Mitch 47
Moby 170, 175
Monroe, Marilyn 131
Moody Blues, The 92
Moore, Scotty 19
Moroder, Giorgio 112
Morrison, Jim 63
Morrison, Van 88-89
Morrissey 142-143
Mothers of Invention, The 68
Mötley Crüe 138
Motörhead 136
Mud 138
Mudhoney 153
Murvin, Junior 109
Mussorgsky, M. 92

Nas 161
Nash, Graham 42, 62, 87
Nazz 101
Neptunes, The 165-166
N*E*R*D 166
Neu! 114, 119
New Order 167
New York Dolls, The 103, 122
Newman, Randy 90, 100
Nicks, Stevie 102
Nico 70-71
Nine Inch Nails 134
Nirvana 139-140, 142, 153
Notorious B.I.G., The 161-162
*NSYNC 166, 175
NWA 160-161
Nyro, Laura 87

Oasis 167-167
Offspring, The 154
Ol' Dirty Bastard 164
Oldham, Andrew Loog 31-32
Ono, Yoko 35
Orb, The 170
Orbison, Roy 24
Orbital 159, 170
Osbourne, Ozzy 83

Page, Jimmy 47, 82-83, 93
Panic! at the Disco 175
Parker, Colonel Tom 16, 20
Parker, Maceo 56
Parks, Van Dyke 39
Parsons, Gram 41, 94, 99
Pastorius, Jaco 87
Paul, Billy 111
Pearl Jam 153, 167
Pere Ubu 121-123
Perkins, Carl 22
Perry, Lee 109-110
Pet Shop Boys 167
Petty & the Heartbreakers, Tom 122

Phillips, John 58, 62
Phillips, Sam 15-16, 19, 22
Phuture 156
Pickett, Wilson 27, 52-53
Pink Floyd 61, 63-64, 99, 102, 135
Pixies 152-153
Plant, Robert 82-84
Poison 152
Police, The 133, 139-142
Pop, Iggy 73-74, 95-96, 117-119
Pop Group, The 120
Porter, Cole 13
Porter, David 52-53
Portishead 168
Presley, Elvis 11-12, 15-20, 22-23, 28, 43, 133, 163
Presley, Jesse Garon 19
Presley, Priscilla 21
Presley, Vernon 19
Pretty Things, The 29
Prince 130-132, 146-148, 176
Procol Harum 92
Prodigy, The 170
Public Enemy 149, 155, 160-161
Puff Daddy/P.Diddy 161
Pulp 9, 168

Quazar 159, 170
Queen 92, 130, 144
Quiet Riot 138, 152

Radiohead 168, 176
Raekwon 164
Rage Against the Machine 150-151
Ramones, The 104-105, 121-122, 131
Red Hot Chili Peppers 134, 150
Redding, Noel 47
Redding, Otis 27, 52-54, 59, 77, 81
Reed, Jimmy 82
Reed, Lou 70-74, 95-96, 119
Reese & Santonio 157
Reeves & the Vandellas, Martha 51

Reich, Steven 138
R.E.M. 138-139, 142-143, 152-153
Replacements, The 138-139
Reprazent 169
Reve, Gerard 176
Rhythm Is Rhythm 156
Richards, Keith 31, 41
Righteous Brothers, The 25
Riley, Teddy 165
Robertson, Robbie 66
Robinson, Sylvia 126
Robinson, Smokey (& the Miracles)
    50-51
Rocha, Zack de la 150
Rodgers, Jimmie 19
Rolling Stones, The 20, 24, 29-33,
    35, 37, 40, 46, 49, 55, 60, 64, 73,
    82, 94, 120, 129, 145-147
Ronettes, The 25, 38, 49
Ronson, Mick 94
Ronstadt, Linda 99
Rose, Axl 152
Ross, Diana 51, 112, 166
Rotten, Johnny 103, 105, 119, 122
Roxy Music 97-98, 117, 154
Rubin, Rick 133-135
Rudeboy 150
Run-DMC 127, 133, 149, 160
Rundgren, Todd 101
Rydell, Bobby 25

S-Express 158
Sam & Dave 52-53
Santana 59
Saxon 135, 137
Schneider, Florian 114
Schulze, Klaus 114
Scott, Bon 136
Searchers, The 29
Sex Pistols, The 103, 105-107, 119,
    122, 136, 168
Shirelles, The 25

Sill, Judee 87
Simon, Paul 90
Simon & Garfunkel 90
Simonon, Paul 106
Sinatra, Frank 14
Siouxsie & the Banshees 107, 120
Size, Roni 169
Slade 95
Slayer 134, 136
Slits, The 120
Sly & the Family Stone 59, 77, 79,
    81
Small, Millie 109
Small Faces, The 120, 167
Smashing Pumpkins 154
Smith, Bessie 14
Smith, Patti 104, 121
Smiths, The 9, 142-143
Snoop Doggy Dogg 161, 166
Snow, Hank 20, 22
Soft Cell 128
Soft Machine 61, 63-64
Sonic Youth 138-139, 152-153
Soul Stirrers, The 26
Sound, The 141
Soundgarden 153, 167
South, Joe 83
Specials, The 120
Spector, Phil 25-26, 38, 49
Spoon 9
Springsteen, Bruce (& E Street Band)
    9, 43, 146-148
Staple Singers, The 54
Starks, John 'Jabo' 56
Starr, Ringo 29
Steel Pulse 110
Steely Dan 101
Stein, Seymour 131
Stewart, Jim 52-54
Stewart, Rod 97
Stills, Stephen 42, 62
Sting 140, 144, 148

Stipe, Michael 142
Stock, Aitken & Waterman 142
Stoller, Mike 25-26, 49
Stone, Sly 77-78
Stone Roses, The 167
Stone Temple Pilots 167
Stooges, The 73-74, 121-122, 153
Strong, Barrett 50
Strummer, Joe 103, 106
Stubblefield, Clyde 56
Suede 167-168
Sugarhill Gang, The 126
Sullivan, Ed 11, 30
Summer, Donna 112
Summers, Andy 140
Supergrass 167
Supersister 92
Supremes, The 50-51, 166
Sutcliffe, Stuart 28-29
Sweet, The 95, 138

T.Rex 95
Talking Heads 98, 104, 118, 121-123, 133
Tangerine Dream 114
Taupin, Bernie 97
Taylor, James 90
Taylor, Johnnie 54
Technotronic 158
Television 104, 121
Temptations, The 50-51
Terrell, Tammi 51, 78
Terry, Todd 157
Thatcher, Margaret 142
Them 88
Thin Lizzy 135
Thomas, Carla 52
Thomas, Irma 33
Thomas, Rufus 52
Tiësto 172
Timbaland 165-166
Timberlake, Justin 166, 175

TONTO's Expanding Head Band 80, 114
Tosh, Peter 110
Trammps, The 112-113
Travolta, John 112
Tres Manos 150
Tribe Called Quest, A 155, 160
Tricky 168
Tucker, Maureen 70
Turner, Big Joe 14, 17
Turner, Ike 15, 25
Turner, Tina 25
Twisted Sister 139

U2 98, 120, 134, 139-142, 144, 146-148, 175
UB40 110
Ulrich, Lars 137
Underworld 159, 170
Urban Dance Squad 150-151

Valens, Ritchie 22
Van Dyke, Earl 51
Van Halen 135, 138
Van Vliet, Don 68-69
Vee, Bobby 25
Velvet Underground, The 70-72, 96, 119, 121
Vincent, Gene 23
Virgo 156
Visage 155

Waits, Tom 100, 175
Walker, T-Bone 23
Warhol, Andy 70-71, 95
Waters, Muddy 15-16, 23, 31
Waters, Roger 64, 82
Weller, Paul 167
Wesley, Fred 56
West, Kanye 164
Weston, Kim 51
Wexler, Jerry 52-53

White, Barry 111
Whitfield, Norman 50-51
Who, The 37, 49, 59, 93, 96, 120, 129
Williams, Hank 14, 22, 44
Williams, Pharrell 166
Williams, Robbie 175
Wilson, Brian 37-39
Wilson, Carl 37
Wilson, Dennis 37, 40
Wilson, Jackie 49
Wings 76
Winwood, Steve 31
Wire 119
Womack, Bobby 32
Wonder, Stevie 51, 54, 80-81, 114, 166
Wondermints, The 39

Wood, Ron 97
Wu-Tang Clan 163-164
Wyatt, Robert 64

X 138
X, Malcolm 125

Yardbirds, The 65, 82, 120
Yes 97, 135
Yorke, Thom 168
Young, Angus 136
Young, La Monte 70
Young, Neil 42, 62, 86, 88, 175

Zappa, Frank 68-69

Eerder zijn in deze reeks verschenen:

Boeddhisme in een notendop
Bert van Baar

De bezetting in een notendop
David Barnouw

De Nederlandse geschiedenis in een notendop
Herman Beliën & Monique van Hoogstraten

De klassieke oudheid in een notendop
Herman Beliën & Fik Meijer

De Engelse literatuur in een notendop
Odin Dekkers

Oosterse filosofie in een notendop
Michel Dijkstra

De Griekse mythologie in een notendop
Hein van Dolen

De islam in een notendop
Dick Douwes

De toekomst in een notendop
Patrick van der Duin & Hans Stavleu

Fysica in een notendop
Maarten Franssen

De genetica van de mens in een notendop
Joep Geraedts

Intelligentie in een notendop
Wim van de Grind

De Nederlandse architectuur in een notendop
Paul Groenendijk

Economie in een notendop
Arnold Heertje

Religie in een notendop
Jan Hondebrink

Het koningshuis in een notendop
Carla Joosten

Het Vaticaan in een notendop
Ewout Kieckens

Russische literatuur in een notendop
Arthur Langeveld

Wijn in een notendop
Mario Molegraaf

De bijbel in een notendop
Fokkelien Oosterwijk

De Amerikaanse geschiedenis in een notendop
Jan van Oudheusden

De Eerste Wereldoorlog in een notendop
Jan van Oudheusden

De geschiedenis van het Midden-Oosten in een notendop
Jan van Oudheusden

De wereldgeschiedenis in een notendop
Jan van Oudheusden

De geschiedenis van Frankrijk in een notendop
Niek Pas

Nederlandse literatuur in een notendop
Annette Portegies & Ron Rijghard

Klassieke muziek in een notendop
Katja Reichenfeld

De kosmos in een notendop
Govert Schilling

Franse literatuur in een notendop
Franc Schuerewegen & Marc Smeets

De Nederlandse krijgsmacht in een notendop
Jan Schulten

De geschiedenis van het Nederlands in een notendop
Nicoline van der Sijs

De moderne wereldliteratuur in een notendop
Maarten Steenmeijer & Franc Schuerewegen

De 20ste eeuw in een notendop
Hans Ulrich

Beleggen in een notendop
Erica Verdegaal

Psychologie in een notendop
Frans Verstraten